国家社会科学基金重大项目（14ZDA023）
2015、2016 年西藏大学珠峰学者人才发展支持计划

财政支出的减贫效应研究

徐爱燕　著

科 学 出 版 社

北 京

内 容 简 介

　　财政支出减贫是反贫困政策框架的重要组成之一，本书从宏观和微观两个视角对其进行研究。宏观视角通过增加财政支出，可持续地解决贫困地区发展的资金支持，目标是促进地区经济增长巩固和提高减贫效应；微观视角则是以精准扶贫为目标，在给予微观贫困家户财政资金支持外，也为他们提供一个综合性的支持体系，从而永久性地脱离贫困，并具备不断追求更好生活的能力，提升减贫的福利效应。在此基础上，以我国典型贫困地区西藏自治区为例，分析地区财政支出减贫效应。基于以上针对我国目前的贫困问题，提出相应的财政支出减贫政策，为我国全面脱贫以及全国人民一道实现小康社会奠定基础。

　　本书适合经济学、行政管理与公共事业管理硕士研究生、博士研究生及相关领域学者，政府管理人员及经济决策的制定者阅读。

图书在版编目(CIP)数据

财政支出的减贫效应研究 / 徐爱燕著. — 北京：科学出版社，2016.12
ISBN 978-7-03-051049-5

Ⅰ.①财…　Ⅱ.①徐…　Ⅲ.财政支出-扶贫-研究-中国　Ⅳ.①F812.45

中国版本图书馆 CIP 数据核字（2016）第 289527 号

责任编辑：杨　岭　朱小刚 / 责任校对：葛茂香
责任印制：余少力 / 封面设计：墨创文化

科学出版社 出版
北京东黄城根北街16号
邮政编码：100717
http://www.sciencep.com

成都锦瑞印刷有限责任公司印刷
科学出版社发行　各地新华书店经销

*

2016 年 12 月第 一 版　　开本：B5（720×1000）
2018 年 4 月第二次印刷　　印张：10 1/4
字数：200 千字

定价：60.00 元
（如有印装质量问题，我社负责调换）

序

贫困是一种社会结构现象，始终以一种朴素而客观的方式存在。在人类社会生活中，不管是地区发展差距还是个体贫富差距均由贫困衍生而来，由此带来的饥饿、疾病、社会冲突等一系列问题长期困扰人类的生活，影响社会的稳定。减贫，是世界最重要的人权事业之一，是不断消除地区、个体差距的过程，也是人类为更美好的生活而不断努力奋斗的过程。

世界各国对贫困有着不同的定义和标准，并随着时代发展不断深化和丰富。改革开放三十多年来，中国在经济、社会发展方面取得了举世瞩目的成就，与此同时，贫困的表现形式、作用方式也越来越复杂化、多样化。当前，中国已进入全面建成小康社会的决胜阶段，消除贫困既有助于维护基层社会稳定，又有助于推动经济长期增长，对于走中国特色社会主义道路的我国而言，更是实现全社会共同繁荣的应有之义，意义十分重大。扶贫开发已成为实现"两个一百年"伟大中国梦最紧迫、最艰巨的任务，要实现这个宏伟目标重点在农村，难点在贫困地区，关键点在少数民族地区，这既关系到人民福祉的增进，也关系到国家的长治久安。

尽管中国经济一直以来的高速发展形势，使得绝大部分地区脱离了贫困，但少数地区仍深陷贫困陷阱，其中又以少数民族地区为最。新时期，以习近平同志为总书记的党中央提出了精准扶贫重要思想，全面推动实现国家富强、民族振兴、人民幸福，并为此投入了巨大的人力、物力、财力。中央及各地方政府财政支出是解决贫困问题的重要工具，仅 2014 年中央财政预算安排专项扶贫资金地方专款就高达 400 余亿元，比 2013 年增长近 10%，减贫力度空前。如何在已有的财政扶贫政策背景下最大化财政支出的减贫效应是亟待解决的关键问题。

徐爱燕博士著的《财政支出的减贫效应研究》一书，研究了财政支出减贫的收入效应和福利效应，重点探讨了财政支出实现减贫的作用机制，相应地提出了最大化财政支出减贫效应的路径，并对典型的少数民族贫困地区——西藏，进行了财政支出减贫效果的案例分析。该书构建的财政支出减贫的收入效应理论框架、财政支出减贫的福利效应理论框架为中国减贫的进一步理论性研究，提供了有益的启示，具有新意；提出的提高财政支出减贫效应的政策建议，具有重要的实践价值。该书的亮点在于对以西藏自治区为例的中国少数民族地区的贫困根源和财政支出的减贫效果进行了研究，并提出了相应的政策建议。在实施精准扶贫战略的大背景下，该书的研究有着重要的理论意义和现实意义，且体现人文关怀。

该书是在我指导的博士学位论文基础上修改完善而成的，基本保留了博士论文的原貌。该书结构框架完整、章节安排合理、思路清晰、逻辑较为严密、论证较为充分、理论和实际紧密结合。

该书在写作过程中形成了一系列的阶段性成果，得到了良好的社会反响，答辩委员会专家对论文选题和写作质量给予了充分肯定。作为论文指导老师，我很乐于将它推荐给广大读者，也祝愿徐爱燕博士在今后的学术道路上不断进步，取得更优异的成绩。

沈坤荣

2016 年 6 月于南京大学安中楼

前　言

　　消除贫困既有助于维护基层社会稳定，又有助于推动经济长期增长，对于走中国特色社会主义道路的我国而言，更是实现全社会共同繁荣的应有之义。但是，消除贫困是一个世界性难题，尽管中国在改革开放以后实现了三十多年的经济高速发展，使得绝大部分地区脱离贫困，并建成小康社会，但少数局部地区仍然在贫困之中，其中又以少数民族地区为最。中央及各地方政府财政支出是解决贫困问题的重要工具，在新时期习近平总书记提出精准扶贫的重要思想之后，如何在已有的财政扶贫政策背景下最大化财政支出的减贫效应是亟待解决的关键问题。鉴于此，本书研究了财政支出减贫的收入效应和福利效应，并对典型的少数民族贫困地区——西藏进行了财政支出减贫效果的案例分析。本书重点探讨了财政支出实现减贫的作用机制，相应地提出了最大化财政支出减贫效应的路径。具体研究问题如下。

　　首先，中国贫困基本情况及财政减贫政策的历史演进。本书通过整理和分析相关数据，总结了当前中国面临的贫困问题，并回顾了财政减贫政策的历史演进过程。以典型的少数民族贫困地区——西藏为例，从经济和非经济视角对少数局部地区的贫困根源进行了总结。结论表明，中国当前的贫困表现为三个主要问题：一是城乡收入差距拉大，农村贫困更加突出；二是城市和农村内部收入差距加大，个体贫富差距明显；三是区域发展失衡，少数民族地区贫困尤为严重。导致中国当前贫困问题出现的三个主要原因是物质资本不足、人力资本匮乏以及社会资本短缺。西藏的资本形成、储蓄积累、人力资本水平以及技术水平等方面均低于全国平均水平，往往容易陷入发展经济学理论的贫困陷阱；地区特征、家庭人口数量、人口结构、主要人员从事的行业类别及文化教育水平、家庭拥有的社会资源等是西藏贫困的重要影响因素。通过回顾中国减贫的历史进程及基本问题，发现财政减贫效应呈现边际递减，当前的扶贫难度日益加大，财政减贫正进入攻坚阶段。

　　其次，财政支出实现减贫的作用机理。通过梳理已有文献，构建了财政支出减贫效应的理论框架，并沿着这一思路分析了财政支出如何通过收入效应和福利效应实现减贫。进一步地，本书基于中国农村贫困地区，通过对1999~2006年我国29个省级地区面板数据的回归分析，对财政支出减贫的收入效应问题进行了实证研究。同时，基于中国农村贫困群体，借鉴 Sen 的功能和能力维度，运用熵值法和集对分析方法，估算了2002~2010年扶贫重点县的功能指数、福利指数以及总福利效应指数，对财政支出减贫的福利效应问题进行了实证研究。结论表明：①农村脱贫是一项长期性的难题，而且容易出现脱贫后重新返贫等诸多问题，应在解决部分群体生活迫切需要的同时，强化贫困人口的自我造血能力，这也是财政扶贫需要考虑的重点。②2002年以来，中国农村扶贫重点县总社会福利水平不断上升，功能指数、能力指数和总福利效应指数分别实现年均6.7%、11.1%、8.9%的增长，能力指数在初始年份低于功能指数，但在2004年实现反超。③福利提升对减贫存在两方面的作用。一方面，福利效应能够直接改善贫困群体的生产生活状况，又能间接改善贫困群体所处环境的市场条件、生产条件，从而形成减贫→福利提升→减贫的良性循环。另一方面，过高的福利救济水平鼓励闲暇，这极大地影响了福利接受者的就业意愿和就业状况，福利欺诈现象层出不穷，乃至福利依赖在代际间传递、贫困户长期陷入"贫困陷阱"。

最后，本书通过对典型少数民族地区——西藏的研究，具体地分析了少数民族地区长期陷入贫困陷阱的根源，以及财政支出实现减贫效应的最优路径。结论表明：经济发展滞后，是西藏自治区整体贫困的根源；家庭的生育率、死亡率、受教育程度均与家庭的贫困程度有着较强的联系。财政支出"减贫效果"最好的是人均GDP，其次分别为农村人均收入、死亡率和小学学历以下人口。因此，各级政府在通过财政进行减贫时，必须把公共福利的提高放到首位，在促进整体经济增长的同时，着重关注农牧民的增收，并将教育减贫放在减贫工作的中心位置，注重人力资本建设与积累。

通过对以上三个主要问题的研究，本书梳理了中国财政支出减贫政策的发展进程，在这样的政策背景下，通过研究财政支出减贫的收入效应和福利效应等作用机制，对以西藏为例的少数民族地区的贫困根源和可能的财政减贫路径进行了研究。相关的结论具有重要的政策启示：财政支出减贫应从促进贫困地区经济发展与提高贫困群体福利水平两个方面入手。

目　　录

第一章　绪　　论

第一节　选题背景与意义

一、现实背景

贫困一直伴随并困扰着人类的生存与发展，消除贫困是世界各国政府一直努力的目标。消除贫困、实现共同富裕是中国社会主义的本质要求，为此我们一直在努力，且在消除贫困的道路上成绩斐然，但是不可否认贫困在我国依然存在。物质资本的薄弱、人力资本的匮乏、社会资本的短缺，导致社会资源配置不均衡、利用不充分，是中国贫困持续存在，一直未曾消除的主要原因。加之中国幅员辽阔、人口众多，地理、历史、文化等因素形成的资源禀赋差异，造就今天的中国各地经济发展水平、人民素质水平差异较大。因此，中国各地区的贫困问题既有相同性又有差异性。

近几年来，随着低收入与高收入差距的不断扩大、发达地区与贫困地区发展失衡日趋明显。加之网络、新闻以及信息传播的负面效应，影响我国社会和谐发展的矛盾愈加复杂和多元化。为此，政府扮演的角色与发挥的作用越来越重要，人们的期待越来越高，各方的关注越来越多。在 2015 年 11 月中央扶贫开发工作会议上，习近平指出："党的十八届五中全会从实现全面建成小康社会奋斗目标出发，明确到 2020 年我国现行标准下农村贫困人口实现脱贫，贫困县全部摘帽，解决区域性整体贫困。"[①] 要实现这一目标，"时间紧、任务重"。

第一，我国城乡发展差距进一步拉大，农村成为贫困人口的聚居地。从整体面上看，中国在消除贫困方面的成就有目共睹，但与世界上大部分发展中国家不同，中国的贫困基本上是一种农村现象，这种现象源自新中国成立以来的政治经济体制。新中国成立以来，中央政府通过户籍制度限制了城市外来人口的数量，并在公有制所有制经济体制下为城市居民提供了公共部门或国有经济部门的工作；改革开放以来，大部分经济增长又出现在城市，城市居民能享受稳定的社会福利和大量满足基本需要的政府补贴。因此，尽管城市生活成本提

---

① 习近平：《脱贫攻坚战冲锋号已经吹响，全党全国咬定目标苦干实干》，http://news.xinhuanet.com/politics/2015-11/28/c_1117292150.htm.

高，城市收入不平等现象严重、收入差距扩大，以及失业现象严重，但是城市中很少有人口处于绝对贫困之中。一项研究发现，2002 年中国城市的居住成本高于农村居住成本 41%，并将 2002 年中国城市的贫困线调整至每人每年1200 元；以此为标准，2001 年中国也仅有 0.5% 的城市人口处于贫困之中（Ravallion and Chen，2007）。因此，当前有关中国贫困的各种测度，都是基于农村范围。

第二，中国农村地区贫困人口规模依然庞大。2014 年年底我国农村仍有7017 万贫困人口（以 2300 元为贫困标准），贫困人口占农村总人口的比例为10.41%[①]。《中国家庭发展报告（2015 年）》显示，我国城乡家庭收入差距明显。收入最高的 20% 家庭的收入是最低 20% 家庭的 19 倍，农村家庭间的收入不均等程度大于城镇家庭。

第三，中国贫困人口大多集中在少数民族地区。民族地区是中国国情的特殊组成部分，是我国少数民族聚居的经济地区的统称[②]。改革开放以来，我国民族地区通过加快经济结构战略性调整的步伐，不断加强基础设施建设、壮大特色优势产业，这使得民族地区的经济效益进一步提高。但是，民族地区欠发达的基本区情没有根本改变，它依然是贫困人口分布最集中、贫困发生率最高、贫困程度最深的地区[③]。592 个国家重点贫困县中少数民族地区就达 259个，占总数的 44%；55 个少数民族，90% 以上分布在贫困地区，涉及五大民族自治区、24 个自治州及 44 个民族县的全部。根据中国 2011~2020 年新十年扶贫纲要中力推的新政，扶贫重点对象从"贫困县"调整为 14 个"集中连片特困地区"。其中，由于西藏自治区的社会发展程度一直落后于其他少数民族地区，其贫困问题尤为突出，因此西藏是实施特殊政策的地区，也是唯一以自治区的行政区划入选的贫困地区。

消除贫困既是世界性的难题，也是我国目前亟待补齐的短板。中国已进入全面建成小康社会的决胜阶段，要实现这个宏伟目标，重点在农村，难点在贫困地区，关键点在少数民族地区。扶贫开发已成为实现全面建成小康社会最紧迫、最艰巨的任务，这既关系到人民福祉的增进，更关系到国家的长治久安。为此，中国政府提出了精准扶贫的理念，并为此投入了巨大的人力、物力、财力。中国的减贫应采取更有针对性的战略和措施，符合各地特点，方能取得更大成效，因此，对减贫政策如何调整，提出了新的考验。

[①] 根据第六次全国人口普查数据，农村人口为 6.74 亿人。
[②] 民族地区具体包括内蒙古、广西、西藏、宁夏、新疆、贵州、云南、青海、甘肃、四川 10 省区及其他少数民族相对集中的地区。
[③] 2012 年 3 月，国务院扶贫开发领导小组办公室在其官方网站发布《国家扶贫开发工作重点县名单》。

二、研究意义

在中国的减贫过程中，财政支出为贫困地区与贫困个体提高收入、降低支出、增强自我发展能力、提升福利水平等带来了显著的促进作用。而今，中国的减贫已进入攻坚克难的阶段，任务更重、难度更大，2014 年中央财政预算安排专项扶贫资金地方专款 426.55 亿元，比 2013 年增长近 10%，财政支出减贫的力度已达空前。

贫困自人类社会形成以来就注定是被关注的关键词。贫困从表象上来看，无论是哪个国家或者地区并无本质区别，但若细究其形成原因，却千差万别，不同的社会制度、经济状况、地理、历史与文化等，因此各国、各地区的贫困既具有共性又具有特殊性。由于不同地区地理位置、资源禀赋的异质性，决定了经济增长速度与发展水平具有较强的差异性，因此各地区贫困范围、程度与强度亦具有很强的差别，所以研究减贫效应，需在剥离背景异质的前提下识别经济发展(增长)的减贫效应。由于我国的贫困人口主要集中于农村地区，本书首先在假定农村地区贫困一致的前提下，从共性角度出发，以中国农村贫困地区为研究对象，分析财政支出减贫资金的收入效应，并提出相应的政策建议，具有重要的现实意义。

在我国，减贫本质上是一种政府行为，如何将政府财政支出减贫资金更好地作用于贫困对象，其核心就是贫困对象的目标瞄准和政策调整。将扶贫对象从县、乡一级聚焦到村、农户，是中国新时期扶贫政策的一大变化。依惯例，扶贫对象是经由贫困县，再由县政府将资金分配给贫困村和贫困户，这是一种典型的自上而下的扶贫战略，使得大量真正需要扶持的贫困人口得不到减贫资金的支持，往往越偏远、越贫困的地区，扶持力度反而越小。李小云、张雪梅等研究表明，扶贫项目对贫困群体的覆盖率只有 35.3%，对中等户的覆盖率有 20.2%，对富裕户的覆盖率有 44.5%[①]政府财政支出的减贫资金不能直接到户，而要以相应的项目形式与贫困群体对接，因此财政支出减贫资金难免产生瞄准偏离。那么，如何实现扶贫项目与贫困群体的对接？对接后，项目是否有良好的效果，是否对减贫产生积极效应？关键在于贫困群体是否实现了从效用论到可行能力理论的内涵转变，即福利效应的改变。那么，从微观贫困群体的角度研究财政支出减贫的福利效应就十分必要，并具有重要的现实意义。

由于各地区之间存在巨大的空间异质性，那么传统经济学研究的同质性假设，就不适用于同时研究全国各地的某一问题，尤其是而今越来越受到关注的

①李小云、张雪梅、唐丽霞，等. 2006. 中国财政扶贫资金的瞄准与偏离. 北京：社会科学文献出版社.

收入差距与地区发展失衡问题，因此谈到我国的减贫问题，就不能使用统一的方法、统一的原则、统一的政策，要根据各地区、各对象的不同，寻求一种异于经验发展的新路子，才能提高减贫效应，加快减贫进程。少数民族地区是我国极具特色的区域，也是我国贫困人口相对集中的区域。不管是中央政府还是少数民族地区政府一直以来都很关注我国少数民族地区的发展，并给予了大力的支持，包括人力、物力、财力等。那么，到底这些支持和援助取得了多大的成效？持续这么多年的强力支持后，贫困地区的贫困问题依然存在，贫困群体的贫困问题也未从根本上得以解决，不管是从区域发展的角度，还是从微观贫困受益群体的角度，在我们轰轰烈烈的减贫事业中，他们到底获益多少？因此，从特殊性角度出发，研究贫困与减贫问题，中国少数民族地区不可或缺，尤以西藏最为特殊。西藏作为我国少数民族贫困地区的典型代表，其贫困由来已久且极具特殊性，但关于这方面的研究甚为稀少，而其政治价值与现实意义却不容忽视。因此本书中，将把西藏作为一个典型贫困地区进行分析。

财政支出减贫的投入资金数目越来越大，对加快地区发展，提高个人收入，建设和谐社会发挥了重要作用。那么，财政支出在我国的减贫过程中到底取得了哪些成功的经验，形成了怎样的影响机制，产生了多大的效应？对财政支出减贫的收入效应、财政支出减贫的福利效应以及典型少数民族贫困地区财政支出的减贫效果（西藏）的深入分析，有利于探讨形成财政支出减贫效应的影响机制，是对以上问题的回答，也对中国下一步提高减贫效应、加快减贫进程具有现实指导意义，更为中国减贫的进一步理论性研究提供了有益的启示。基于以上，研究我国财政支出的减贫效应，具有重要的理论意义与现实意义。

第二节　相关概念界定与研究视角

一、概念界定

（一）贫困

在一个给定的社会中，当一个或多个人没有达到依照这个社会标准制定的合理的最低限度的某一经济福利水平时，就称该社会存在着"贫困"。根据世界银行的观点，贫困的度量通常假定存在预定且目标清晰的生活标准的水平线——贫困线—— 一个人如果被认为不贫困则必须达到这一水平线的生活水平。

上述这种按照生活标准和基于整个贫困比较领域制定的水平线，是基于"生存贫困线"的"绝对贫困线"理论。反对这种"绝对贫困线"理论的学者提出"相对贫困线"观点。因此，大体看来，贫困的定义有绝对和相对之分：绝对贫困的特征是收入低下，以至于难以满足"人的基本需求"（basic human needs），包括基本生理需要（如食物、衣着、住房和医疗）和基本文化需要（如教育和娱乐）。相对贫困是以人的收入低于社会平均收入的某个比例来衡量，通常把5%的最低收入者作为穷人或者把低于平均收入水平的1/2或1/3的人作为穷人。相对贫困的考量是与社会经济发展水平无关的，因为只要存在收入差距和低收入阶层，就存在贫困。一种综合的研究方式则是双重贫困线标准——既考量绝对贫困线，也考量相对贫困线。

随着福利经济学的兴起，福利水平作为变量逐渐被引入贫困研究中，"贫困是福祉（well-being）被剥夺的现象"。因此，个体对自身所处状况的判断即个体的福利水平受到研究者关注。社会福利指标包含政治、经济、社会、文化等层面衡量国民生活水准的指标。我国行政院经济建设委员会于1975年发表了七大项目社会福利指标，包括个人发展、生活环境、卫生保健、经济情况、社会均等、教育与文化、社会安全与福利等。

阿马蒂亚·森认为，个人能力的被剥夺与收入低下的关系是双向的，即贫困主要是收入低下与能力的被剥夺所形成，而且二者相互作用，从而使得贫者愈贫[1]。综合前人观点，结合实际我们认为，贫困是由于各地区的资源禀赋、生产要素等方面的异质性及其累积差异形成的社会发展过程中不可避免的收入低下的发展现象。

（二）减贫

世界范围内，一般意义上把解决贫困问题称为减贫，它包括三种说法：一是贫困人口的减少，二是贫困程度的降低，三是消除贫困。我国把解决贫困问题一般称为扶贫，主要是政府和相关组织通过相应的政策与措施发挥政府的力量，提高贫困人口的收入、加快贫困地区的经济发展，这已经得到了举世公认的良好效果，为世界减贫事业作出了卓越贡献。

印度经济学家德雷兹和阿马蒂亚·森从经济发展和公共援助两个维度出发，将减贫的方法总结为两类：一是以促进经济发展为直接目的的"发展媒介保障"策略。这一方法尽可能最大限度地利用更多总财富所释放出来的潜能，不仅包括私人收入的增加，而且包括公共援助基础设施的改善。二是以促进社会发展为直接目的的"援助导向保障"策略，基于国家资源的区别使用、公共服务的效率以及它们在递送中的再分配倾向，在诸如就业提供、收入再分配、卫生保健、教育以及社会援助等领域内，直接采取广泛的公共援助用以消除赤

①阿马蒂亚·森. 2002. 以自由看待发展. 任赜，于真译. 北京：中国人民大学出版社.

贫，而无须等待总体财富水平上的转变。这两种方法也引起见仁见智的争论。反对"发展媒介保障"策略的观点认为，以发展为取向的政府更注重物质财富的集聚，这种高速增长会伴随着收入不平等的增加；而由于"向下滴漏"(trickle down)的缓慢或缺乏，人们生活的基本质量未必会得到保障。反对"援助导向保障"策略的观点认为，对于一个贫穷经济体而言，慷慨的公共供应相当于奢侈品，而且将资源从投资转向社会服务也会阻碍经济的发展。然而，我们认为，这两种方法在理论原则上都具有较强的可信度，其关键是在实践中这两种策略如何被切实可行地发挥出来。

(三)减贫效应

基于以上，我们认为减贫是通过外部作用尽力消除资源禀赋、生产要素等方面的异质性。减贫效应则指在多大程度上消除了资源禀赋与生产要素等方面的异质性，即我们平常意义上说的中国的扶贫成效。

樊胜根、张林彦、张晓波等(2002)、林伯强(2003)，认为贫困减少归因于收入增加与不均等的改善，因此减贫效应包括增长效应与收入分配效应。杨晓华(2009)认为财政政策的目标是实现经济增长、充分就业和物价稳定，因此财政政策的效应包括经济增长效应、就业效应与价格效应。我们认为财政支出减贫的作用对象包括贫困地区和贫困群体，因此财政支出的减贫效应包括作用于贫困地区带来的收入效应和作用于贫困群体产生的福利效应。财政支出减贫的收入效应，是指从贫困地区来看，财政支出减贫目标是增加贫困地区的收入水平，我们认为有两种途径：一是影响贫困的直接因素，如收入(农业收入与非农业收入)与劳动生产率的提升，物价下降等带来收入水平的直接提高，使得贫困减少。二是影响贫困的间接因素，如通过增加教育投资、提高人力资本、增强参与竞争的能力，从而增加收入减少贫困；通过改善基础设施投入、提高劳动生产率、降低劳动力转移成本、增加就业机会等间接方式，增加收入减少贫困；通过地区经济发展的涓滴效应，实现减贫等。财政支出减贫的福利效应，从贫困群体来看，财政支出减贫的目标是提升贫困群体的福利水平，我们认为有两种途径：一是区域途径，是指通过各类生产性和非生产性的财政支出，或在贫困地区开设工厂，或加强贫困地区的基础设施建设、农业生产条件、科教文卫事业发展等，提高贫困群体的生产能力和市场参与度。二是个体途径，是在经济增长的背景下，通过所得税、转移支付、社会保障、直接补贴等手段，不仅直接增加贫困户的收入，还意图构建社会安全网、平衡收入分配机制，创造利于民生的社会经济环境。

财政支出的减贫效应，是对财政支出政策实施效果的具体反映，目标是从宏观上分析财政支出对我国农村贫困地区经济的促进和减贫的成效；微观上分析财政支出对贫困群体的福利改善和减贫成效；最终完成财政减贫政策的分类实施效应和不同区域的政策需求分析。

二、研究视角

正是由于减贫涵盖了上述纷繁复杂的内容，财政支出的减贫效应研究可以从不同层面和视角展开分析，所以确定本书的研究视角极为必要。

主要思想综合为：财政支出在减贫过程中，为贫困地区带来"收入效应"的同时，也给贫困群体带来了"福利效应"，因此，财政支出的减贫效应大小取决于两者的和，由于二者又有相互交叉的影响因素，所以还不能简单加总。因此，本书将从两个视角、三个方面分析财政支出的减贫效应，一是财政支出减贫的收入效应——基于中国农村贫困地区分析；二是财政支出减贫的福利效应——基于中国农村贫困群体；三是中国少数民族地区财政支出减贫的案例研究——以西藏为例。

第三节　研究内容与方法

一、研究内容

中国已进入全面建成小康社会的决胜阶段，要实现这个宏伟目标重点在农村，难点在贫困地区，关键点在少数民族地区。扶贫开发已成为实现全面建成小康社会最紧迫、最艰巨的任务，这不仅关系人民福祉的增进，更关系到国家的长治久安。为此，中国政府提出了精准扶贫的理念，并投入巨大的人力、物力和财力。2014年中央财政预算安排专项扶贫资金地方专款426.55亿元，比2013年增长近10%。财政支出减贫的力度已达空前。那么，财政支出在我国的减贫过程中到底取得了哪些成功的经验，形成了怎样的影响机制，产生了多大的效应？本书通过对财政支出减贫的收入效应、财政支出减贫的福利效应以及典型贫困地区财政支出减贫效果(以西藏为例)的深入研究，探讨了形成财政支出减贫效应的影响机制，为中国减贫的进一步理论性研究提供有益的启示；为中国下一步提高减贫效应、加快减贫进程提出有针对性、可操作的政策建议。

本书共有八章，主要内容如下。

第一章，绪论。在确立研究主题的基础上，界定了相关概念，确定了研究视角、研究内容、研究方法，并对可能的创新及不足进行了说明。

第二章，文献综述。首先，通过梳理现有文献，从多个角度理解贫困概念。其次，梳理了收入与贫困、福利与贫困的相关研究成果。最后，通过对国内外研究动态的分析，梳理减贫的相关政策，重点分析了财政支出方面的减贫政策，政策的作用结果包括增加投入品数量、提高投入品生产率和调控价格。

第三章，中国贫困基本情况及减贫政策的历史演进。第一，中国贫困表现为三种状态：一是由于城乡发展差距拉大，农村贫困更为突出；二是由于居民内部收入差距加大，个体贫富差距明显；三是由于区域发展失衡，少数民族地区贫困尤为严重。第二，分析认为物质资本薄弱、人力资本匮乏、社会资本短缺是中国贫困的主要原因。第三，从经济和非经济两个视角对我国西藏自治区的贫困原因进行了分析。第四，总结中国减贫历程及经验，认为中国的减贫成效主要来自于政府，其中财政支出是最主要的减贫手段，但随着扶贫难度的加大、财政支出规模不断增大减贫效应却在递减，中国扶贫进入攻坚克难的关键时期。

第四章，财政支出减贫的作用机理。本书构建了一个有中国特色的财政支出减贫效应的理论框架，并沿着这一思路分析了财政支出减贫的收入效应作用机理和福利效应作用机理。

第五章，财政支出减贫的收入效应研究——基于中国农村贫困地区。通过对1999~2006年我国29个省级地区面板数据的回归分析，对财政支出减贫的收入效应问题进行了实证研究。结果显示，农村贫困是一项长期性的难题，而且容易出现脱贫后重新返贫等诸多问题，如何在解决部分群体生活迫切需要的同时，强化贫困人口的自我造血、自力更生能力才是财政支农、财政扶贫考虑的重点。

第六章，财政支出减贫的福利效应研究——基于中国农村贫困群体。以《中国农村贫困监测报告》为数据来源，借鉴 Sen 的功能和能力维度，运用熵值法和集对分析方法，估算2002~2010年扶贫重点县的功能指数、福利指数以及总福利效应指数。结果表明，2002年以来中国农村扶贫重点县总社会福利水平不断上升，功能指数、能力指数和总福利效应指数分别实现年均6.7%、11.1%、8.9%的增长；能力指数在初始年份低于功能指数，但在2004年实现反超。最后，从理论角度探讨福利提升对减贫可能产生的积极与负面影响。

第七章，财政支出减贫的案例研究——以西藏为例。从宏观和微观两个层面研究了西藏的贫困状况，并对财政支出的减贫效应进行了分析。结果认为，各级政府在通过财政进行减贫时，必须把公共福利的提高放到首位，在促进整体经济发展的同时，着重关注农牧民的增收，并且将教育减贫放在减贫工作的中心位置，注重人力资本建设与积累。

第八章，政策建议。促进贫困地区发展，增强自我发展能力，财政支出须从以下几方面着手：一是发挥财政支出在脱贫攻坚中的重要作用，二是加大贫困地区的财政转移支付，三是加大资金整合力度、扩大扶贫资金规模，四是加大财政资金撬动、带动社会资金参与脱贫攻坚，五是消除贫困地区经济发展的瓶颈制约因素，六是促进贫困地区的农业产出增长。提高贫困群体的福利水平，财政支出须从以下几方面着手：一是加强贫困对象的精准识别，二是实施异地搬迁脱贫，三是促进基本公共服务均等化，四是加大贫困地区劳动力转移等。

综上，本书的研究思路如图 1-1 所示。

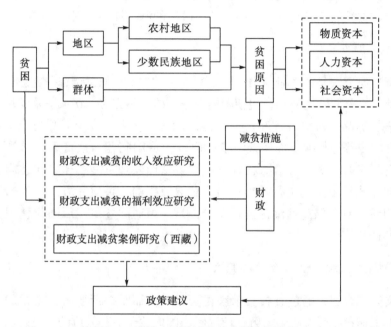

图 1-1   财政支出的减贫效应研究思路图

二、研究方法

(一)规范研究与实证研究

规范研究方法，从价值判断出发研究经济现象，说明经济现象及其运行应该是什么的问题。本书运用规范研究方法的目的在于提出一定的标准作为判断财政支出减贫的依据，并以该标准作为制定减贫政策的依据。

实证研究方法是认识客观现象，向人们提供实在、有用、确定、精确的知识的研究方法。本书运用实证研究方法的目的在于归纳并总结中国的贫困基本情况，影响贫困的主要因素以及中国减贫政策的历史演进过程，揭示影响减贫效果的关键因素。

（二）定性分析与定量分析

定性分析法是对研究对象"质"的分析，具体地是运用归纳与演绎、分析与综合、抽象与概括等方法，对获得的各种资料进行加工，从而达到认识事物本质，揭示内在规律的目的。

定量分析法是通过定量分析，让人们对研究对象的认识进一步精确化，从而揭示规律，预测发展规律。本书将通过对西藏贫困问题、财政支出减贫的发展效应、福利效应做定量分析，从而发现影响财政支出减贫效应的关键因素，预测中国贫困的演变规律，为精准扶贫政策的制定提供依据。

（三）调查研究法

调查研究法是科学研究中最常用的方法，本书将通过调查研究法获取典型贫困地区——西藏的数据，包括问卷调查、访谈等方法。访谈法是通过面对面座谈来了解调查对象心理和行为的方法。本书作者与专家、驻村干部、村干部、贫困户等进行面对面座谈，了解西藏的贫困问题与扶贫难点，并对收集到的资料进行分析、综合、比较、归纳，从而发现贫困规律。问卷调查法是以书面形式提出问题进行搜集资料，获取数据的一种研究方法。本书将设计调查问卷，对西藏一些地区进行家户调研，填写问卷，然后回收整理、统计分析和研究。

（四）文献综合法与个案研究法

文献综合法是通过查找文献获得资料，从而掌握所要研究主题的一种方法。本书通过查阅文献，了解目前国际、国内关于减贫效应的研究现状，以及中国贫困现状与减贫政策等。

个案研究法是对某一认定的特定对象加以研究，分析其具体特征、了解其形成过程的方法。认定研究中的某一特定对象加以分析，弄清其特点与形成过程的一种研究方法。本书以西藏为例进行调查研究。

三、可能的创新、不足及研究展望

（一）可能的创新

本书提出了有关财政支出减贫效应的概念，重点探讨了财政支出实现减贫的作用机制，构建的财政支出减贫效应的理论框架，为中国减贫的进一步理论性研究提供有益的启示。研究了财政支出如何通过收入效应和福利效应实现减贫，并对典型的少数民族贫困地区——西藏进行了财政支出减贫效果的案例分析，相应地提出了最大化财政支出减贫效应的路径，为提高精准扶贫效率等减贫实践提供积极的指导作用。

（二）不足

本书试图构建一个有中国特色的财政支出减贫效应的理论框架，并沿着这一思路进行分析和研究，但研究结果较为浅显。同时，对财政支出减贫的收入效应和福利效应的运行机制，还缺乏应有的深度。

本书以 2002~2010 年的数据为支撑，从中国农村地区和中国农村贫困群体两个视角探讨财政支出的减贫效应，难免会存在以偏概全的弊端，并且从广度与深度上讲也难免有不足。加之，笔者学识有限，认识和方法难免存在局限，疏漏在所难免，希望在未来的研究中能不断得以提升与改进。

（三）研究展望

2016 年 7 月开始将展开"西藏家庭经济与社会"的全面调查，并构建数据库，填补研究中西藏数据空缺的现实问题，在此基础上我们将针对西藏的贫困与精准扶贫进行深入研究，丰富我国民族地区关于减贫研究的理论成果，并为实际工作的开展提供参考。

第二章 文 献 综 述

第一节 贫 困

学术界普遍认为，当某些人的经济水平或社会福利水平低于某一特定值时，这些人的生活状态可以被视做贫困。然而，随着历史的演变和社会的发展，贫困标准的确定、贫困的形成原因与解决方式发生了深刻的变革。本节试图通过梳理现有文献，从多个角度理解贫困的概念。

各国由于受经济发展水平、经济结构、社会制度、政府政策以及自然资源条件等因素的影响，贫困的程度存在极大差异。如何才能确定某一人群属于贫困？现有的研究对于贫困的衡量标准存在着不同程度的理解。

Alderman 和 Paxson(1992)、Deaton(1992)认为，家庭的生活水平是衡量贫困的重要依据。因为家庭的生活水平可以综合反映当前家庭从市场或非市场获得商品、产生真实消费的能力。这些消费品包括在市场中购买的产品、别人赠予的产品以及自己生产的产品，而这些产品可以满足家庭的基本生活需要。该指标以当期的消费能力为基础，比当期的收入水平指标要更富有意义。因为家庭当期效用直接取决于期内消费，而且当期消费不仅可以反映家庭长期的平均福利，还可以揭示家庭当前、过去和未来的收入情况。因此，对于贫困家庭来说，他们可以通过储蓄、借款等方式来平衡消费，维持基本的生活需求。

然而，大量的事实表明，当期家庭消费是一个具有噪声的福利指标，未必能很好地衡量家庭是否处于贫困状态（Chaudhuri and Ravallion，1994；Haddad and Kanbur，1990，1993；Nelson，1993）。首先，家庭在生命周期过程中一般消费水平不会一直保持不变。特别是可能出现在不同财富生命周期的家庭在某一时段具有相同的消费水平。其次，不同家庭可能面临着对消费平滑的不同情形的约束条件。慢性贫困人群比非贫困人群在借款机会方面有着更多的限制，从而使得在不同生命周期阶段的财富分布影响到了其终身福利。再次，尽管当期消费相对于当期收入在衡量长期福利方面的波动较小，但这并不是衡量贫困人口长期生活标准的最好的序数指标。由于长期生活标准取决于不同家庭各类生活指标的排序，一个跨截面指标在长期生活标准上可能变化幅度较小，但是这可能导致在跨家庭的排序过程中忽视了慢性贫困人群。最后，在家庭内部也存在着生活标准的差异，但缺乏相关的数据支持。通常在测度家庭消费时，家庭会根据生活需求的概念被同等地分割。实际上，总家庭消费的变动会通过不同方式影响不同家庭成员的福利。这对于贫困的测度和减贫政策的实施具有重要的意义。

Ravallion(1993)，Hagenaars 和 De Vos(1988)，Hagenaars 和 Van Praag(1985)认为，社会中的贫困人群是无法达到绝对的最小生存需求的人，所以把"生存出现威胁时的各类商品消费水平"看做贫困线。然而，由于政策目的不同，某些社会设定的贫困线标准存在极大差异。尽管当前有许多确定贫困线的方法，而其中大多是采用估计确保个人基本消费需求的商品成本，但难点在于如何定义"基本需求"。对于发展中国家，基本需求贫困线的最重要构成元素是人体必须获得食物能量的食物支出。不少国际组织给出了进行相应身体活动的食物能量的基本摄入标准。但是 Osmani(1987)、Anand 和 Harris(1992)、Payne 和 Lipton(1993)、Bhargava(1994)认为，这些活动是根据经济社会情况内生变动的，而不是外生给定的。从事生产生活的活动程度应该和收入与饮食密切相关。因此，一个基本的判断是个人从事生产生活的情况决定了食物能量的基本要求，而该基本要求应该超过并维持身体的正常新陈代谢。除了确定营养标准，还需要衡量达到这些营养的食品成本以及非食品消费的补贴。Dandekar 和 Rath(1971)、Reutlinger 和 Selowsky(1976)、Greer 和 Thorbecke(1986)、Paul(1991)、Anand 和 Harris(1992)等采用多种方法研究了个人达到预期食品营养需求的消费支出。比如利用参数和非参数回归的方法估计相关食品成本与非食品消费补贴。尽管可以获得估计结果很好的单一的国家贫困线，但是该方法在估计跨群体和跨时间样本时得到了不一致的贫困线。问题在于食品摄入量与消费或收入的关系在不同群体和时间上不同步，也就是说，估计方法会根据富裕程度、口味、活动水平、相对价格和公共产品供给情况等差异，产生出有偏差的估计结果。因此，无法消除这些差异对贫困线的比较造成的误差影响。比如城市和农村在贫困线方面的不一致，容易导致在城乡人口流动过程中贫困人群的不合理增加或减少。

Kanbur(1987)采用"贫困组合"分解总贫困程度。"贫困组合"可以显示社会中跨群体的贫困变动情况，比如不同居民居住地区或是就业部门的贫困比较。一个贫困组合有利于当地评估何种经济发展模式可以影响总贫困的变动。比如，假设通过对 B 地区的居民征收一次性税收用于补贴 A 区域的同等人口的居民。如果贫困组合显示 A 区域的贫困程度高于 B 区域，那么税收转移可以削减总贫困差距，而相关的贫困指标可以通过这种资金的配置最小化贫困程度。

由于贫困的产生环境存在差异，测度贫困的指标各不相同。大量的文献从个体或家庭层面总结和比较了个体贫困的不同指标(Anand and Harris, 1991；Glewwe and Van der Gaag, 1990；Haddad and Kanbur, 1990；Lanjouw and

Stern，1991）。比如，对一个家庭的个人调查可以作为家庭贫困的指标，而面板数据调查则比一次性调查更具可靠性，有利于揭示慢性贫困。

第二节　收入与贫困研究

一、收入水平与贫困研究

从人口特征来看，Meesook（1979）、Musgrove（1980）、Lipton（1983a）、House（1989）、World Bank（1991d）、Lanjouw 和 Ravallion（1994）利用家庭消费或人均收入指标发现，家庭规模越大，贫困出现的概率也越大，而儿童比成年人更容易陷入贫困。这不是因为家庭无法养育儿童，而是因为在贫困家庭儿童与成年人的数量比率较大。另外，大量的女性人口负担与儿童一样存在着不同程度的贫困。Lipton（1983）研究了婴儿与儿童的死亡率与贫困的关系，发现在低消费或是低收入家庭，家庭成员的岁数越小，寿命越短，死亡率越高。在亚洲和非洲，婴儿与儿童的死亡率随着贫困的增加而显著增加。Ravallion（1987）考察了死亡率与收入的凹关系。他发现，存活的机会与消费水平在经济发展程度较低时密切正相关。不过，当收入水平、营养和健康水平较高时，进一步减少死亡率是很难实现的，与收入水平并不是显著正相关。Birdsall（1979，1980）、Hull 和 Hull（1976）、Schultz（1981b）揭示了贫困与总和生育率之间的倒 U 形关系。他们发现，随着收入和相关变量（务农状态、住房类型、教育等）从零增加到一个较低水平——可能接近"极度贫困线"的水平，总和生育率会在初期轻微上升。因为低收入水平下额外的收入增加会促进营养的增长，加快女性月经初潮和提高受孕能力（Huffman et al.，1987；Easterlin and Crimmins，1985）。此外，极端贫困人群比中度贫困人群在婚姻方面也更容易受到排挤。但是当贫困人群的生活水平提高到一定程度以后，总和生育率会逐步下降。这主要是因为女性的时间变得更有价值。女性会选择利用时间来教育子女而不是去工作来获取收入，从而降低了生育的机会。倒 U 形关系已经被巴基斯坦、苏丹、孟加拉国等地区的数据证明（Irfan，1989；House，1989；Stoeckel and Chowdhury，1980）。当然，还存在着非对称倒 U 形关系，即生育率指标在初期上升，达到某一高点时稳步下降，直到低于初始的生育水平，然后随着收入水平的上升继续上升。

从劳动力的角度来看，贫困家庭的生活状态严重取决于劳动收入，而劳动收入取决于家庭劳动力的年龄结构、年龄性别参与率、就业前景、工资率等因素。Visaria（1977）、Lipton（1983a）认为，贫困家庭的年龄结构意味着较高的依赖率。尽管年龄结构可以反映私人最优生育率决策，但是却严重阻碍了家庭的工作参与率。这种阻力随着经济的早期发展和城市化而逐步增加。在城市，关于依赖率的贫富差距要显著高于农村和不发达的国家与地区。Udall 和 Sinclair(1982)认为，失业率会随着收入的增长而增加。但是贫困家庭失业的时间率——工作搜寻时间与工作的时间比率，要高于一般家庭。Sundaram 和 Tendulkar(1988)发现临时性劳动力与无资产或无土地的家庭密切相关，因为有资产或土地的家庭可以利用资产实现自我就业。所以失业主要集中在无资产者或某区域的特定年龄组。Dasgupta 和 Ray(1986)、Dasgupta(1993)利用一般均衡理论解释了效率工资假说下的失业问题。他们认为，在劳动力市场竞争性均衡下，有效时间劳动力成本的增加会导致较少资产的家庭具有较高的失业率。因为这些人会被排挤出劳动力市场。Drèze 和 Mukherjee(1989)、Osmani(1991)认为，工人之间的拟合作行为可以促进工资率大于在没有正式绑定最小工资时的市场出清水平。因此，可获得工资的就业岗位会更多地分配给具有生产率的人群，大部分贫困人群难以与其竞争。Ravallion 和 Huppi(1991)、World Bank(1991d)关注贫困人口的工资率。他们认为，贫困人口中无技能劳动力较多，而这些劳动力的真实工资率是贫困的重要决定性因素。研究表明，农村贫困发生率和真实农业工资同步变动，在无技能劳动力真实工资不上升的情形下，贫困人口会减少。Rosenzweig 和 Schultz(1982)认为，性别歧视、工资歧视等会减少女性工作的机会。

从收入角度来看，收入波动是利用政策进行直接干预、削减贫困的焦点。一般而言，当消费下降时，贫困人群面临较高的负面效应和婴儿死亡风险。Sahn(1989)、Schofield(1974，1979)研究了农村贫困人口的营养不良和农业波动的关系。结果显示，在一些国家，贫困家庭会在食物能源紧张时期对脆弱的成员产生歧视和排挤，而更长的雨季会加重农业生产，导致食物价格上升和较多的传染病。此外，农村贫困人口更多依赖临时性工作，尤其是收成不好的时候，会减少雇佣工人。因此，农村贫困人口在不利的季节或年份很容易失去收入来源，从而显示出缺乏对收入突然下降冲击进行更好的防护。Singh(1990)发现，由于农村贫困与临时性劳动密切相关并且很难进入非农业部门就业，所以农业波动对非流动性贫困人口具有较大的影响。Bardhan(1984)、Chambers等(1981)认为，在不利时期，大部分贫困人口必须尽其所能地寻找工作，因为年龄性别参与率比劳动力需求下降的速度更快，工资率也会大幅下降。特别是当食品价格变高并且疾病蔓延时，贫困人口的安全网显得尤为重要。

从地区和产业特征来看，在发展中国家，贫困人口大量集聚在农村的农业部门。由于城市和农村的价格差异，用消费或是人均收入制定的贫困线存在着显著的不同，容易导致高估或是低估城乡贫困差距。Quibria 和 Srinivasan(1991)、Reardon 等(1992)认为，农村贫困受到农业和土地的影响，而城市贫困更具有收入来源的异质性。通过对比 20 世纪 80 年代后期 7 个亚洲发展中国家的数据，他们发现农村贫困人口比农村非贫困人口更为依赖农业。Chuta 和 Liedholm(1981)指出，三分之一的农业收入和四分之一的就业来自于非农活动，但是这些活动的发展前景实质上取决于农民的前期和后期的生产活动以及消费活动。特别是由于农业的较高劳动密度和当地食品的可获得性，对生产活动采取的反农村贫困策略应该重点基于农业部门。城市非正式部门被认为是剩余部门，由无法在城市正式部门就业的人组成，但这些人的财富与农村和城市正式部门密切相关。相比城市正式部门，城市非正式部门容易进入，没有最低工资限制，较弱的工作安全标准，较低的实物资本投入，低劳动回报，较小的企业规模，生产非贸易产品等。Telles(1993)发现，由于在城市非正式部门存在着较大程度的收入不平等，部分工人收入远超过某些城市正式部门。Todaro(1969)试图解释城市非正式部门的贫困。他认为，个人特征(如人力资本禀赋)比经济的结构性特征更为重要。农村部门的贫困可以解释为比城市部门更难获得实物资本(包括土地)、农业技术、非农就业机会、健康护理和教育等。

二、经济增长与贫困研究

Ahluwalia 等发现，一旦经济出现负增长必然伴随贫困人口的增加；反之，经济增长将有效减少贫困人口数量[1]。樊胜根(2002)、林伯强(2003)等研究认为，经济增长是中国减贫的关键因素，并重点关注了影响经济增长减贫效应的外在因素。大量的研究已证明经济增长对贫困具有"扩散效应"和"涓滴效应"。经济增长是收入增长、地区发展的重要途径，一直以来通过经济增长来增加贫困人口的收入是广大发展中国家解决贫困问题的主要途径，这也是通常意义上所说的"涓滴式减贫"。通过完善社会保障制度、建立公共服务均等化等方式，使穷人从中得到好处，称之为"瞄准式扶贫"。经济增长能够有效减少贫困，一方面会带来就业机会的增加，给贫困群体创造就业机会，增加收入；另一方面，经济增长带来税收的增加，能够为增加针对穷人的政府转移支付创造条件，从而间接带来贫困群体收入的增加。

三、收入效应

收入效应主要指经济发展带来的收入增长程度。要改善地区发展程度，必须提高其经济发展水平，实现途径：一是收入(农业收入与非农收入)与劳动生

---

[1]Ahluwalia M，Carter N，Chenery H. 1979. Growth and poverty in developing countries. Journal of development economics，(6)：299—341.

产率的提升、价格下降、减少消费支出等带来的直接收入水平提高。二是通过增加教育投资，提高人力资本，增强参与竞争的能力，从而增加收入；通过改善基础设施投入、降低劳动力转移成本、增加就业机会等间接方式增加收入。

第三节　福利与贫困研究

福利是一个外来语，在英语中可表示为"welfare"或"well-being"，字面理解为"好的生活"，它与个体的幸福生活紧密相连。世俗意义上的个体福利，是指能使人们生活幸福的各种条件，包括物质和精神两个方面。社会福利则是指政策制度安排和社会服务供给，目标是解决社会成员福利待遇的差异问题。在福利国家，福利是由国家规定和提供的、通过财政支出的公共援助部分、给予所有公民最低级别的幸福和社会支持，并作为该国社会保障体系的重要内容。当然，随着社会福利体系和社会保障体系的完善，社会福利的提供者也日益多元化，慈善机构、非正式社会团体、政府间国际组织也成为社会福利不可或缺的供应方。

福利概念的研究悠久、深入而广泛，且不同学者有不同的观点。综合来看，福利是一个兼顾客观标准和主观感受的评价指标，既是社会福利享受者实际享受到的物质条件、发展空间、自由权利等，也是享受者对实际享受福利过程获得的满足感、效用程度的一种主观认知和评价。在经济学的研究中，"福利"概念经历了从效用论到可行能力理论的内涵转变，这种转变也引起了贫困研究的变化。

一、福利效用论与贫困研究

"福利"作为一个经济学领域的研究概念，其正式提出始于庇古(A. C. Pigou)的《福利经济学》一书。此前的古典经济学家并未使用过"福利"的概念，他们关于贫困的论述多囿于财富的物的范畴。马歇尔(A. Marshall)在其一般均衡经济理论中将福利视为消费者剩余、生产者剩余和外在经济，考察价格的下降减轻了家庭或厂商的负担。庇古在马歇尔一般经济理论基础上，结合边沁(J. Bentham)的功利主义哲学，系统论述了福利概念及其政策应用。首先，为了与广泛的福利内容区隔开，庇古将其研究的主题"限制在能够直接或间接与货币这一测量尺度有关的那部分社会福利"，即"经济福利"[①]；无法用货币进行度量的非经济福利称为一般福利。其次，经济福利是基于效用构成

---

①〔英〕A. C. 庇古. 2006. 福利经济学(上卷). 朱泱，张胜纪，吴良健译. 北京：商务印书馆：16.

的——"经济福利被广泛地认为是能与货币尺度建立联系的满足和不满足"①，或者称"合意""欲望"。虽然福利是抽象的，很难量化，但通过效用的途径，整个社会的福利可表示为所有个人效用的加总。再次，根据"最大社会福利"与边际效用递减规律，庇古得出影响经济福利的两个因素：一是国民所得大小的变化②，二是国民所得分配的变化③。这些思想构成了福利经济分析的概念框架——以收入和商品拥有量带来的效用作为衡量福利水平的替代工具，社会福利的最大化也成为评判标准。然而，该理论体系中还存在着个体间效用不可比的问题，这催生了一系列的分析工具——序数效用论、帕累托最优、补偿原理、社会福利函数等，均是对福利理论体系的进一步修改和完善。

由于贫困等价于某种福利的缺乏，因此，上述这些福利观点也影响了英国学者 Rowntree(1901)对贫困及贫困线的定义④。其后百年间，贫困线的划定水平一直在变化，但采用的基本概念和方法与 Rowntree 的研究十分相似(World Bank，2010)。

二、福利可行能力论与贫困研究

福利不仅仅关注商品和效用，更包含了社会发展更广泛的范畴和个体的基本价值判断，Sen(1973，1985，1992)认为，创造福利的并不是财富和商品本身，而是由商品所带来的机会和活动。Sen(1992)将福利定义为个人在生活中实现各种有价值的功能的实际能力组合，这个定义体现了其"可行能力方法"(capability approach)，或称福利的能力理论，其数学化的表达逻辑见图 2-1。其中，功能集 Q_i 表示 doings and beings 的集合，即一个人处于什么样的状态以及他能够做什么。"功能"与人们实现生活内容的"能力"(capabilities)相联系，"能力"是实现"功能"所必须具备的条件和机会。如果说福利是已实现的生活内容，那么可实现这些生活内容的"能力"则相当于实现福利的自由(Sen，1985，1992)。

Sen 对自由和能力的强调，贫困被视为"可行能力"的被剥夺来识别，贫困研究也上升到人的自由发展层面，如联合国开发计划署据此建立的人类发展指数(human development index，HDI)。消除收入贫困不再是反贫困的终极目

①〔英〕A. C. 庇古. 2006. 福利经济学(上卷). 朱泱，张胜纪，吴良健译. 北京：商务印书馆：29.
②〔英〕A. C. 庇古. 2006. 福利经济学(上卷). 朱泱，张胜纪，吴良健译. 北京：商务印书馆：94—98.
③〔英〕A. C. 庇古. 2006. 福利经济学(上卷). 朱泱，张胜纪，吴良健译. 北京：商务印书馆：99—109.
④Rowntree(1901)认为贫困是家庭总收入不足以支付仅仅维持家庭成员生理正常功能所需的最低量生活必需品开支；最低量生活必需品数量及其价格是划分贫困家庭收入标准的贫困线。

标，提高人的可行能力——可享受的教育、医疗、社会参与、政治权益等，成为国际反贫困战略关注的重点内容。

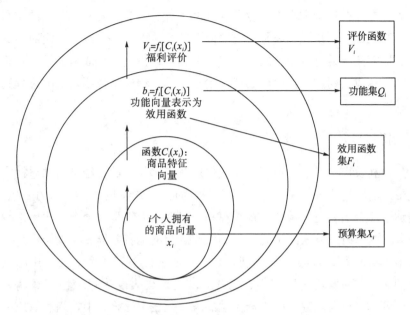

图 2-1　阿马蒂亚·森判断个人福利水平的理论模型示意图
（自行绘制）

三、福利的经济学思想

"福利"概念的变化，折射出经济学思想史对市场与政府关系认知的深刻演进。当福利等价于社会财富和收入时，市场机制这只"看不见的手"通过理性经济人对自身利益最大化的追求，实现产品的分配和资源的配置，最终使得国民收入即社会福利达到最大限度。这是以亚当·斯密为首的一批古典经济学家的观点，他们过于强调市场的作用，处于贫困中的人未能适应市场竞争、责任自负，政府对其毫无救助的责任。与亚当·斯密等相反，凯恩斯则认为社会福利意味着就业和收入的增加，强调政府干预可以增加就业和收入，缓解贫困。

福利经济学由三大定理构成。一是福利经济学第一基本定理："如果偏好是局部非饱和的，而且如果 (x^*, y^*, p) 是有转移的价格均衡，那么配置 (x^*, y^*) 是帕累托最优的。特别地，任何瓦尔拉斯均衡配置都是帕累托最优的。"[①] 二是福利经济学第二基本定理：经济主体的消费集定义为凸、偏好关系被定义为凸和局部非饱和的，"每一帕累托配置 (x^*, y^*) 有一个价格向量

---

①〔美〕安德鲁·马斯-科莱尔，迈克尔·D. 温斯顿，杰里·R. 格林. 2001. 微观经济学. 刘文忻，李绍荣主译. 北京：中国社会科学出版社：771.

p 使得(x^*, y^*, p)是一个有转移的价格准均衡"[1]。三是关于社会选择福利的阿罗不可能定理的三个命题构成了福利经济学理论的重要内容[2]。第一定理回答了"在存在买者和卖者的竞争性经济中,是否有符合共同利益的结果"的问题;第二定理则是关于公平分配的问题,当分配方案由政府制定时,共同利益的获取究竟是通过有变化的市场机制还是市场机制完全取消?第三定理是关于社会福利或共同利益是由市场或政治集中的过程还是投票表决的过程这样一个问题[3]。

四、福利效应

与福利及福利经济学不同,福利效应测度了某项社会经济活动对社会福利状况带来的改变或者影响,它涉及两个方面:一方面是社会福利的变化方向,即增加了社会福利还是减少了社会福利;另一方面则是社会福利改变多少的量化研究。由于研究方法的不同,福利效应的测度也有差异。在理论模型中,福利效应的分析往往通过社会福利函数——代表性家庭或个人的效用函数来实现。例如,在一般均衡模型中,福利效应既可以表现为代表性家庭消费的增加,也可以表现为家庭资产投资收益的减少。在实证研究中,福利效应往往是综合多方面指标的复合指标体系。这是因为世界各国的福利制度都是大杂烩,随着社会需求不断推出新项目、新计划,每个项目或计划各行其是,各国的福利制度有些杂乱无章。这既表现在补助计划的多样化形式——现金或实物,也体现于管理职责和资金筹措在各级政府部门间的交错分工。因此,更为抽象的福利测度指标体系,为国际间或地区间的福利效应提供了研究的可比性。

第四节　财政支出减贫的政策措施

发展中国家为了消除贫困采取了多种政策措施。这些措施直接或间接帮助贫困人群避免各种形式的临时性贫困和长期慢性贫困。政策的主要目标是提高贫困人口的劳动生产率。表 2-1 归纳了部分国家现有的减贫政策,针对的领域

---

[1]〔美〕安德鲁·马斯-科莱尔,迈克尔·D. 温斯顿,杰里·R. 格林. 2001. 微观经济学. 刘文忻,李绍荣主译. 北京:中国社会科学出版社:775-776.

[2]阿罗不可能定理,如果一个社会机制满足下列三个性质:①当任何一组完全的、反身的和传递的个人偏好集给定时,社会决策机制将产生具有相同性质的社会偏好;②如果每个人偏好选择 x 超过选择 y,那么社会偏好就应当把 x 排在 y 的前面;③x 和 y 之间的偏好唯一地取决于人们如何排列 x 和 y 的顺序,而不是人们如何排列其他选择的顺序。那么它必然是一个独裁统治——所有的社会偏好顺序就是一个人的偏好顺序。〔美〕哈尔·R. 范里安. 2006. 微观经济学:现代观点. 费方域,等译. 上海:上海三联书店、上海人民出版社:482.

[3]〔美〕约翰·伊特维尔,默里·米尔盖特,彼得·纽曼. 1996. 新帕尔格雷夫经济学大辞典(第四卷:Q-Z). 北京:经济科学出版社:961-962.

主要是贫困人口的生产要素,如土地、劳动力、人力资本、实物资本、信贷。因为土地、劳动力、资本(包括人力资本与物质资本)、信贷等要素可以促进贫困人口收入的快速增长。政策的作用结果包括增加投入品数量、提高投入品生产率和调控价格。

表 2-1 减少农村贫困的政策措施①

生产投入调整方案	投入				
	土地	劳动力	人力资本	实物资本	信贷
分配-中性数量的增强	聚居计划	人口政策;减少就业参与成本;就业信息	大比例提升各类型人口的健康与教育	农村非农业资本补助;全区域农业灌溉;基础设施建设	更多农业贷款的竞争性公共供给和激励
数量-中性分配的增强	土地改革	反对歧视贫困人群、女性、社会成员的法律实施	扭转歧视,包括对女孩上学、贫困人群或疾病高发区域人群的上学	无地可投资或出售,给予实物补偿	通过指令或对贷款机构直接信贷的激励,增加贫困人口信贷配额
综合性的数量与分配增强	无土地者的跨区域移民	工作福利计划	对农村健康和小学教育方面的健康和教育支出的增加	关注农村基础设施建设,支持竞争性的手工工具或牲畜工具的提供与维护	对落后地区的信贷扩张或激励
分配-中性劳动力增强	与收成相关的技术政策,比如高产出品种	针对高产季节疾病和农业伤病的更好的健康服务	扩展技术使用的效率	促进灌溉传输和维护	培训和监管银行与借款人
面向贫困人群的生产率增强	种植适合贫困人群的农作物	研究与扩展标准化农业劳动力工作	升级与循环针对贫困人群贸易的课程		促进小型的基于 NGO 的信贷机构;管理支持
促进或稳定贫困人群购买投入品的价格	适当的化肥	劳动力需求的技术或制度转变;竞争性招聘和工作的流动	使基础健康和小学更为廉价、就近,降低机会成本	对小型资产购买的补贴	针对贫困人群的资本或利息补贴
促进或稳定贫困人群生产品的价格	减少农业价格的压制	季节性移民的信息与基础设施		针对家庭微型企业的市场营销合作	与组织化公司营销关联的信贷合作

世界银行和其他国际发展机构提出农村发展战略,加快建设农业基础设施步伐、提升农业科技水平的推广与应用、加快农产品的交易市场建设与流通速度,才能提高农业生产率。此举对增加农产品供给、提高卡路里摄取量、改善

---

①Lipton M, Ravallion M. 1995. Handbook of Dovelopment Economics, Chapter 41 poverty and policy Review Article: 2624—2625.

营养作出了很大的贡献，但因农产品的收入弹性和价格弹性低，农产品增产，农民不见得增收，农村贫困问题在许多遵循这一发展战略的发展中国家尚未得到解决。林毅夫(2002)指出，要解决中国农村贫困问题，只有转移大量农村剩余劳动力，方可提高农业劳动生产率，农业才可实现增产增收。大力发展具有比较优势的劳动密集型产业，是增强劳动力吸纳能力、解决农民市民化问题、实现农村大量剩余劳动力转移的根本途径，也才能从根本上解决中国的农村贫困问题。

关于减贫政策的研究，大量文献关注于各种财政支出对贫困的影响。Antle(1983)、Binswanger 等(1987)认为，在农村加大投资基础设施会对发展水平低下的农业经济产生客观的农业与非农业收入。比如促进水利设施的发展可以直接对农业产出发挥作用，而公路运输设施投资可以间接减少信息与商品流动的障碍。对基础设施公共投资扩张的关键在于是否存在有效的市场提供这些公共产品，因为在特定市场中公共产品的有效供给难以实现。此外，公共产品具有异质性特征，如何设置合理价格才能有效支持贫困人群也是政策的难点。刘晓昀等(2003)认为影响农村贫困群体收支状况的关键因素是基础设施。由于人力资本的异质性，基础设施对农户收入的影响存在显著差异；一般来说，户主的教育程度越高，基础设施对该户的人均净收入正效应越大，反之，则越小；基础设施投资对从事非农就业的群体影响大于专门从事农业生产的贫困群体。因此，加强贫困地区的基础设施建设投资，对贫困群体改善生产和生活状况具有明显的正效应。基础设施投资建设是有效的减贫手段。张林秀等(2005)通过对农村社区公共物品投资的决定因素的实证分析，表明影响地区公共投资规模的最主要因素是经济发展水平。一般来说，当地经济发展水平低下，则外出务工人员会增加，而外出的村民不愿意对当地进行公共投资建设；反之，经济发展水平越高的地区，人们外出意愿较小，更愿意为加强公共建设进行投资。为了统筹区域发展、降低区域差异，政府的公共支出应实行非均衡战略，更多地投向中国农村贫困地区、经济条件较差地区以及我国少数民族地区。

除了固定基础设施外，人力资本设施的发展(基础健康和教育)对消除贫困也同样重要(Schultz，1988；Behrman and Deolalikar，1988)。其产生的收益不仅发挥在农村，还对城市部门产生影响。王善迈和袁连生(2002)研究了义务教育财政转移支付制度。他们认为，当前中国义务教育财政体制具有三个特点：受教育者和政府共同负担经费、政府经费以地方负担为主、居民义务教育负担城乡有别。现行体制下各级政府间财力资源与义务教育责任存在着显著的不对称。因此，建立规范的中央和省级政府承担更大财政责任的义务教育财政转移支付制度，是解决在贫困地区表现最为突出的义务教育经费问题的根本保证。丁维莉和陆铭(2005)指出，中国的教育投入存在明显的区域性差异、机会不均等、群分现象，这也是造成中国人力资本短缺的重要原因，而让中央预算进行干预，重新设计基础教育财政的分权体制，才能更有效地激励地方政府不断提高教育资源的供给质量和供给效率，才能为经济的可持续发展提供可持续增长的劳动力，解决人力资本短缺的问题。乔宝云等(2005)研究了中国的财政分权与小学义务教育的关系。他们发现，财政分权并没有增加小学义务教育的有效供给，"用手投票"和"用脚投票"两种机制在中国并不发挥作用。区域性地发展差异与劳动力流动障碍的差异性，使得地方政府对经济的高增长率及资本投资的增长诉求增强，在财政收入有限的条件下，必然造成义务教育等正外部性较强但收益见效长的公共产品投入下降。

李卫平等(2003)针对农村地区的卫生保健问题展开研究，结果显示农村居民的卫生保健能力不断下降，究其原因是医疗费用的持续上涨。要使农村居民获得公平、合格的基本医疗、公共卫生服务，建立和规范财政转移支付制度、建立健全农村卫生管理体制和投入机制才是必经之道。

张车伟(2003)以中国农村贫困地区为研究对象，发现营养摄入和疾病是影响农村劳动生产率的最显著因素。因此，解决中国农村的贫困问题，应注重营养投入，加强健康建设。赵忠(2006)利用 Grossman 模型，分析了影响中国农村人口的健康状况及其决定因素，研究结果显示，随着城镇化建设水平的提升，人们的健康状况开始恶化，相对来讲农村居民的健康状况要优于城郊居民，而城郊居民又优于城市居民。城市化加速了健康资本折旧。而教育对健康有显著的正影响。教育可以直接提升人力资本水平，相对高的人力资本可以获得较多的就业机会，提高收入水平；良好的教育可以培养良好的健康习惯，亦可减少医疗费用。

第三章　中国贫困基本情况及减贫政策
的历史演进

第一节　中国贫困基本情况

贫困是人类社会形成以来一直面临的问题，不管是地区发展差距还是个体贫富差距均是由贫困衍生出来，且由此带来的饥饿、疾病、社会冲突等一系列问题不断地干扰人们的生活、社会的稳定。消除贫困至今仍是世界性的难题，也是我国实现小康社会最突出的短板。减贫是不断消除地区发展差距与个体贫富差距的过程，也是为了更美好的生活而不断努力奋斗的过程。

一、城乡发展差距拉大，农村贫困更为突出

中国选择的有倾斜性的地区非均衡发展战略为中国经济注入了发展动力，带来了经济的持续快速发展，但是长期城乡二元结构带来的公共资源分配战略与经济发展政策，使得城乡差距不断拉大，中国贫困人口主要集中于农村地区。

1978年中国城乡居民收入比为2.57∶1，由表3-1、图3-1、图3-2可见，2001年中国城乡收入比扩大到2.90∶1，2009年持续扩大到3.33∶1，不管是从绝对额还是相对额来看，城乡收入差距呈现不断扩大趋势；从2010年起，城乡收入比出现连续5年缩小的趋势，到2014年城乡收入差距比为2.92∶1。虽然城乡收入比在缩小，但收入差距的绝对额却持续扩大，2007年为9646元，2008年为11020元，2013年扩大至1.8万元，2014年扩大到1.9万元。尽管中国经济取得了快速发展，人民生活水平不断得以提升，但城市发展相对较快、水平较高，农村地区发展相对较慢、水平落后。国家统计局数据显示，2014年中国农村贫困人口为7017万，贫困发生率为7.2%；城镇已不存在绝对贫困的人口。

表3-1　2001~2014年中国城乡收入及收入比　　　　　（单位：元）

年份	城镇居民可支配收入	农村居民纯收入	城乡居民收入比
2001	6860	2366	2.90
2002	7703	2476	3.11
2003	8472	2622	3.23
2004	9422	2936	3.21

续表

年份	城镇居民可支配收入	农村居民纯收入	城乡居民收入比
2005	10 493	3255	3.22
2006	11 759	3587	3.28
2007	13 786	4140	3.33
2008	15 781	4761	3.31
2009	17 175	5153	3.33
2010	19 109	5919	3.23
2011	21 810	6977	3.13
2012	24 565	7917	3.10
2013	26 955	8896	3.03
2014	28 844	9892	2.92

数据来源：《中国统计年鉴》

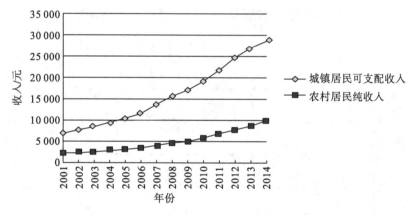

图 3-1　2001~2014 年城乡居民收入变化趋势图

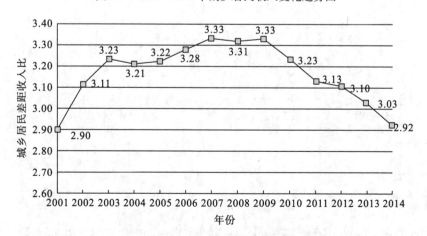

图 3-2　2001~2014 年城乡居民收入差距比

二、居民内部收入差距加大，富者愈富贫者愈贫

　　如果说贫困线是通过数量反映贫困问题，那么，居民内部收入的不平等是从结构角度探讨贫困问题。其中，意大利经济学家基尼提出的基尼系数（gini coefficient），是定量测定收入分配差异程度的重要指标[1]。由图 3-3 可见，20 世纪 90 年代以来，我国基尼系数逐年提升，并在 2000 年后进一步扩大，2003 年之后一直保持全球平均水平（0.44）以上，2008 年之后由于收入分配方式的调节，基尼系数开始呈现下降趋势，但一直高于国际警戒线水平，因此中国仍然处于收入差距较大的阶段[2]。这意味着，中国居民内部贫富差距进一步拉大，农村地区收入差距更为严重。Sen（2003）认为，平均收入水平提升，可有效解决贫困问题，但收入不平等的加剧又会恶化贫困，从而抵消经济增长的正效应，因此，要根除贫困问题不但要提升经济增长速度，还要解决收入不平等问题。Zhang 等（2003）认为，收入差距越大的地方贫困发生率越高。以上进一步证明，目前中国个体贫困问题还较为突出，尤以农村内部更甚。

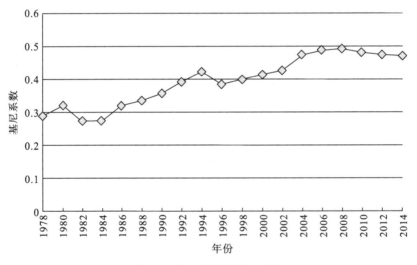

图 3-3　中国基尼系数走势图

　　数据来源：1978～2002 年基尼系数数据来源于李子联. 2013. 中国的收入不平等与经济增长. 北京：经济科学出版社；2003～2014 年基尼系数数据来源国家统计局公开数据

---

　　[1]基尼系数值为 0～1。越接近 0 就表明收入分配越是趋向平等，反之，收入分配越是趋向不平等。按照国际一般标准，0.40 以上的基尼系数表示收入差距较大，当基尼系数达到 0.60 时，则表示收入悬殊。

　　[2]西南财经大学中国家庭金融调查 2012 年发布的报告显示，2010 年中国家庭的基尼系数为 0.61，城镇家庭内部的基尼系数为 0.56，农村家庭内部的基尼系数为 0.60，远远高于官方的估计。

三、区域发展失衡，少数民族地区贫困尤为严重

中国的贫困呈现区域性的不平衡，地区发展差距拉大，少数民族地区贫困问题尤为严重。

截至 2012 年年底，我国少数民族地区占地面积 616.29 万 km^2，占我国总面积的 63.9%；我国东部地区占地面积 91.6 万 km^2，占我国总面积的 9.5%；少数民族自治地方[①]总人口 18 762 万人，占全国总人口 135 404 万人的 13.86%；东部地区总人口 51 460.9 万人，占全国总人口的 38.0%[②]。其中，5 个自治区总人口 10 917.81 万人，少数民族人口 4433.6 万人，占总人口的 40.61%；30 个自治州总人口 5885.27 万人，少数民族人口 3427.55 万人，占总人口的 58.24%；120 个自治县（旗）总人口 3255.97 万人，少数民族人口 2081.65 万人，占总人口的 63.93%。合计全国少数民族人口 9942.8 万人次，占全国总人口的 7.34%。少数民族人口是我中华儿女的重要组成部分，少数民族地区是中国不可或缺的一部分。

我国少数民族地区贫困发生率明显高于全国贫困发生率；从民族地区农村贫困人口和乡村人口分别占全国比例来看，民族地区农村贫困人口占全国农村贫困人口的 31.1%，民族地区乡村人口占全国乡村人口的比例为 15.4%，少数民族地区贫困人口比例是全国农村贫困人口的两倍多。2013 年全国及各省贫困人口与贫困发生率见表 3-2。其中，广西、贵州、云南三省区有农村贫困人口 2040 万人，占八省区农村贫困人口的比例为 79.6%，占全国农村贫困人口的 1/4；全国贫困发生率排名前 9 位的省区，其中少数民族地区就占了 7 位；西藏的贫困发生率为 28.8%，高出全国平均水平 20.3%，为全国之最。因此，少数民族地区是中国贫困人口最集中、贫困深度最广、贫困程度最深的地区，西藏的贫困问题尤为突出。而且，2014 年新定国家级贫困县，西藏依然是唯一一个全境作为贫困县的地区，西藏的贫困问题也是国际、国内一直关注的焦点。

表 3-2　2013 年全国及各省贫困人口和贫困发生率

省份	贫困人口/万人	贫困发生率/%
全国	8249	8.5
西藏	72	28.8

[①]我国民族自治地方包括 5 个自治区、30 个自治州、120 个自治县。在统计过程中自治区内的自治州、自治县、自治州内的自治县不重复统计，实际统计范围包括 5 个自治区、25 个自治州、85 个自治县。

[②]乐长虹、盛来运. 2013. 中国民族统计年鉴 2013. 北京：中国统计出版社：264-274.

续表

省份	贫困人口/万人	贫困发生率/%
甘肃	496	23.8
贵州	745	21.3
新疆	222	19.8
云南	661	17.8
青海	63	16.4
陕西	410	15.1
广西	634	14.9
宁夏	51	12.5
山西	299	12.4
湖南	640	11.2
海南	60	10.3
江西	328	9.2
四川	602	8.6
内蒙古	114	8.5
安徽	440	8.2
湖北	323	8
河南	639	7.9
河北	366	6.5
重庆	139	6
黑龙江	111	5.9
吉林	89	5.9
辽宁	126	5.4
山东	264	3.7
福建	73	2.6
江苏	95	2
浙江	72	1.9
广东	115	1.7

数据来源：http://www.cpad.gov.cn/sofpro/ewebeditor/uploadfile/2014/04/11/201404110955564 24.pdf.

第二节 中国贫困成因分析

不同时期、不同地区、不同群体贫困产生的原因较为复杂和多样,结合中国现实,我们把中国贫困原因归纳为物质资本、人力资本与社会资本三个方面的差异,且这三个方面相互影响,并存在恶性循环之势(图 3-4)。

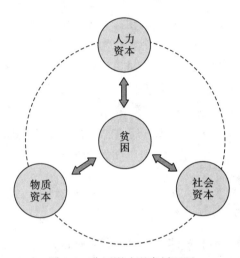

图 3-4 贫困影响因素循环图

一、物质资本薄弱

物质资本是贫困的重要原因。这里的物质资本包括气候、地形地貌、地理区位等自然因素,也包括基础设施和公共服务等因素。

地理因素对人类文明的早期形成和经济发展起了很大的作用,这已经为许多研究所证实。亚当·斯密以英国的自然地理优势强调现代经济增长中低成本、以海洋为基础的贸易:"英格兰,因土壤天然肥沃,因海岸线与全国面积相比甚长,又因有许多可以通航的河流流贯其间,使内陆各地,能有水运之便,所以,与欧洲任何大国比较,都一样宜于国外通商,一样宜于经营远地销售的制造业,一样宜于上述情况所能引起的种种改良。"[①] 亚当·斯密还注意到最遥远的地区也是经济发展最迟滞的地区。从我国贫困人口分布的地域角度分析,他们越来越集中分布于我国生活和生产条件较为恶劣的边缘化地带,主要分布于我国农村地区与少数民族地区。恶劣的自然条件、偏僻的地理位置,

---

①〔英〕亚当·斯密. 2008. 国民财富的性质和原因的研究. 郭大力,王亚南译. 北京:商务印书馆:379—380.

是我国大部分农村贫困群体与少数民族生活的地区，这是我国农村地区与少数民族地区贫困的重要原因，并且一直影响着他们的贫困状态。特殊的自然、地理环境决定了我国贫困地区存在以下主要特征：①高原、山区、沙漠等地貌特征，使得大部分地区生态环境脆弱、水土流失严重、自然灾害频繁；②地理位置偏僻、基础设施建设滞后、严重的信息不对称、远离政治经济中心，抑制着其经济社会的发展；③经济发展基础薄弱，产业发展水平低下，主要以农牧业为主，产出效益低下；④教育资源不足、医疗卫生设施落后，影响人力资本的提升与基本健康；⑤民俗文化的影响根深蒂固，大部分民族地区的人民对外来文明的接受有着天然的抗拒性。因此，自然地理环境因素，使得我国贫困地区与外部世界的接触与交流甚少，从而难以接收外部世界变化的影响与现代文明的冲击，进而导致贫困人口素质提升困难，长期处于低下水平；自然条件极其恶劣，交通及相关基础设施条件极差，导致他们各种活动成本较高，劳动力就业经济风险增大，社会管理、公共产品和服务的供给难度加大。我国大部分农村贫困地区与少数民族地区相似，但不同的自然环境条件，是困扰其发展、消除贫困维艰的根本原因。

二、人力资本匮乏

人力资本不仅决定科技进步与产品开发，还决定新产品和新思想的吸收能力，对经济增长至关重要。巴罗认为，人均收入水平和人力资本禀赋差异是影响经济持续增长的重要因素。我国的农村与城镇相比较，非少数民族地区与少数民族地区相比较，其中最大的差别之一是人力资本水平的差别，即人力资本匮乏是造成贫困的根本原因。通常人力资本用教育水平反映。

贫困群体脱贫的深层障碍——教育缺失。教育水平是反映人力资本质量的重要指标。教育不仅能带来个人能力包括才智与情商的提升，还能带来社会资本储备的增加。李子联认为，教育水平差异所带来的经济个体资源禀赋的丰缺造成了居民收入的不平等[1]。也就是说，受教育水平高的经济个体，往往可以具备更高参与市场竞争的能力，也易获取参与市场竞争的机会，容易脱离贫困；反之，则易被挤出市场竞争，失却获取收入报酬的能力与机会。我国农村地区、少数民族地区的教育发展水平不仅远远落后于全国平均水平，城乡教育发展水平、少数民族地区与内陆地区的教育发展水平亦存在较大差别。

我国贫困地区经济发展的最大障碍——技术创新能力不足。历史以及各国的发展经验告诉我们，要突破贫困发展陷阱须依靠投资驱动式的增长模式，我国少数民族地区自和平解放以来取得的成就均依靠国家的大力投资，徐爱燕研

---

①李子联. 2013. 中国的收入不平等与经济增长. 北京：经济科学出版社.

究证明西藏经济属于典型的"政府供给主导型增长"①。政府的外部技术输入需要自身素质的提升来消化吸收，否则将阻碍技术的产业转换能力。进一步就是人力资本更新无法跟上产业转换的步伐，而形成产业升级中的结构性失业，这是我国民族地区目前还处于贫困阶段，无法由"输血式"发展转向"造血式"发展的深层次原因。例如，政府财政支出对西藏农牧区的某些领域"硬件"设备等条件的改善，甚至跨越某些技术应用领域的投入，但是"软件"不匹配，即制度、管理与应用能力跟不上，即人力资本的缺乏，使得"硬件"成为摆设。人力资本的建设是一个渐进的历史过程，因此改善人力资本和摆脱贫困不能一蹴而就，只能不断促进演进。这一结论对我们的启示在于教育是减贫的长期途径。

三、社会资本短缺

社会资本是指个体或团体之间的关联——社会网络、互惠性规范和由此产生的信任，是人们在社会结构中所处的位置给他们带来的资源。Sen(1985)在其著作《贫困和饥荒》中提出"赋权"(empowerment)概念，是指人们追求其认为重要的目标或价值的可行能力的拓展。其"赋权理论"为发展中国家扶贫开发提供了重要的政策参考价值②。Sen 还认为缺失社会资本的群体，往往获得收入的渠道较窄，因此易受到社会排斥。叶普万(2005)认为，中国农村贫困地区、少数民族地区与贫困群体，普遍缺乏民主参与意识与参与权，相当多的贫困群体还缺乏就业机会、迁移与流动机会，许多贫困妇女还受到各种歧视。张爽、陆铭和章元(2007)认为，社会网络和公共信任能显著地减少贫困。徐伟、章元和万广华(2011)认为，社会网络可以降低贫困脆弱性。可见，社会资本的缺乏，会降低人们的抗风险能力，引致机会不均，家庭命运变迁维艰，收入差距拉大，不但不易脱贫反而易陷入持续贫困。

社会资本能够有效促进物质资本和人力资本发挥价值，我国农村地区、少数民族地区正是由于缺乏必要的社会资本，使得原本就薄弱的物质资本和匮乏的人力资本不能发挥最大效率。我国农村地区与少数民族地区改革相对滞后，受市场经济的影响较小，加之传统文化、观念的影响，致使其与城市地区、非少数民族地区发展差距越来越大，进而进一步严重影响当地经济发展。微观来

---

①徐爱燕. 2014. 中国少数民族地区公共支出与经济增长关系研究——以西藏自治区为例证. 西藏民族学院学报，(6).

②赋权理论认为，家庭为了生活和发展必须依靠三种力量：社会的、政治的和心理的。通过社会力量，家庭可以得到所需的信息、知识和技术，以及参与社会组织和得到信贷支持等。当一个家庭的社会力量上升后，家庭的期望和能力都会上升，这便是家庭致富的标志。赋权理论对解决贫困最为现实的实践途径就在于提出了"参与式发展"的扶贫模式。它以赋权为核心，利用政府注入的资源，在社会组织的协助下，扶贫对象充分参与决策和执行扶贫行为活动，全面介入扶贫开发的过程中。

讲，贫困群体的"小富即安"思想较为严重，且周边社交网络较窄、比较差距不大，易陷入"贫困陷阱"；中观来说，由于中国目前大部分地区和人群陷入信任危机，农村地区、少数民族地区由于信任与资源问题，他们内部的经济来往、资源交流往往限于熟人之间，同质性的影响无法使贫困与发展打开新的局面。宏观来看，加大政府投资、吸引各种外来资本促进当地经济发展是解决贫困最直接的方式，但是由于长期的意识影响，我国某些地区尤其是少数民族地区，本身对外来投资的排斥性，使得他们难以走出低水平发展的陷阱。因此，市场机制、政府服务意识、百姓的接受意识、法律意识等"软环境"是我国农村地区和少数民族地区经济发展滞后的根源，即社会资本的短缺问题一直是影响中国贫困的重要因素之一。

综上，贫困往往不是某一种因素的作用结果，中国的贫困是多种因素共同作用的结果，我们把它们归纳为物质资本、人力资本、社会资本三因素的共同影响。第一，这三个因素分别影响贫困；第二，贫困会恶化三因素，恶化的三因素反作用于贫困，从而进一步恶化贫困；第三，三因素相互影响，形成恶性循环，甚至导致代际轮回，使得贫困地区与贫困群体陷入"贫困陷阱"。总之，以上三个因素导致贫困地区外部环境和农户特征的多样化与复杂性，增加了政府采取有效扶贫措施的难度。

第三节 西藏自治区贫困成因分析
—— 一个典型贫困地区

中国少数民族地区贫困原因非常复杂，涉及政治、经济、文化、历史、自然等多方面，我们将其归纳为经济视角和非经济视角。经济视角包括宏观经济增长对贫困形成的影响、收入分配情况对贫困的影响以及消费结构和就业结构等方面对贫困的影响。非经济视角考虑两个层面的因素，首先是宏观因素，包括自然、地理、历史与宗教文化，在教育、卫生、科技以及社会保障等领域的公共服务的供给和可及性；其次是微观因素，运用实证研究方法对代表性家庭的贫困程度进行测量。本书主要从经济视角的经济增长与贫困之间的关系以及应用实证研究对家庭的贫困进行检验的非经济视角两个方面，对以日喀则地区为代表的西藏贫困问题进行探讨，分析影响贫困的多种因素，为西藏自治区的反贫困工作提供力所能及的参考。

我国把人均年收入作为衡量贫困的主要指标，2011 年把人均年收入低于1500 元作为贫困标准，本节也以此为标准。本节数据来自课题组"西藏县域贫困问题与扶贫模式研究"课题住户调查问卷的结果[①]。在 715 份调查问卷中，2011 年西藏日喀则地区有 23.08% 的家庭人均纯收入低于 700 元；24.69% 的家庭人均纯收入在 701~1000 元；23.88% 家庭的人均纯收入在 1001~1300 元；10.12% 的家庭人均纯收入在 1301~1500 元；5.26% 的家庭人均纯收入在 1501~1700 元；7.69% 的家庭人均纯收入在 1701~2300 元；3.24% 的家庭人均纯收入超过 2300 元，具体见表 3-3。从整体看，71.65% 的家庭人均纯收入低于 1500 元，2011 年人均纯收入为 1304 元。这两个指标都表明西藏日喀则地区仍然处于贫困范围，大部分人口为贫困群体。

表 3-3　日喀则地区家庭人均纯收入调查表

人均纯收入/元	<700	701~1000	1001~1300	1301~1500	1501~1700	1701~2300	>2300
所占比例/%	23.08	24.69	23.88	10.12	5.26	7.69	3.24

资料来源："西藏县域贫困问题与扶贫模式研究"课题住户调查问卷的数据

一、经济视角的贫困

从经济视角看，包括宏观经济增长对贫困形成的影响、收入分配情况对贫困的影响以及消费结构和就业结构等方面对贫困的影响。本书主要从经济增长与贫困的关系进行分析。

新古典经济增长理论中有关于贫困陷阱的论述，也是发展经济学研究的主题之一，其中把贫困陷阱解释为低水平的人均产出和资本存量的稳态。即使行为人尝试打破这种低水平的稳态，但由于经济体有回归到低水平稳态的趋向，因此把这种结果称为陷阱。

根据索罗－斯旺模型，假定资本以常率 $\delta > 0$ 折旧，也就是说在每个时点上，资本存量的一个不变份额要损耗掉，因此不能再被用于生产。在某个时点上物质资本存量的净增加额等于总投资减去折旧：

$$\dot{K}_{(t)} = I_{(t)} - \delta K_{(t)} = sf(K_{(t)}, L_{(t)}, T_{(t)}) - \delta K_{(t)} \tag{3-1}$$

其中，变量上方的一点表示对时间微分，而且 $0 \leqslant \delta \leqslant 1$，

该式两边同时除以 L，得到

$$\frac{\dot{K}}{L} = sf(k) - \delta k \tag{3-2}$$

另外，根据定义有 $\dot{k} \equiv \dfrac{\mathrm{d}\left(\dfrac{K}{L}\right)}{\mathrm{d}t} = \dfrac{\dot{K}}{L} - nk$，对时间求导，其中 $n = \dfrac{\dot{L}}{L}$ 代入上式，得到

---

① 调查问卷见附录 1。

$$\frac{\dot{k}}{k} = \frac{sf(k)}{k} - (n + \delta) \tag{3-3}$$

即人均资本存量的变化取决于储蓄率 s、人均生产函数 $f(k)$、人均资本 k、人口增长率 n 以及折旧率 δ。

在该增长模型中，资本的平均产品 $\frac{sf(k)}{k}$ 一般会随着 k 的增加而增加。但是在有些情况下，资本的平均产品在递增之前会经历一个递减的区间，此时的经济体就会出现贫困陷阱的状况，如图 3-5 所示。

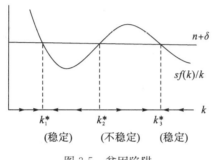

图 3-5　贫困陷阱

图 3-5 中有三种状态，其中第一和第三种状态是稳定的，第二种状态不稳定。当 $k < k_1^*$ 时，$sf(k)/k > n + \delta$（这里只关注 $k > 0$ 的交点，而忽略 $k = 0$ 处的那个交点），此时人均资本存量的变化大于 0，因而会导致 k 增加；当 $k_1^* < k < k_2^*$ 时，$sf(k)/k < n + \delta$，此时人均资本存量 k 的变化小于 0，会导致 k 减少。因此，在此种状态下，不管行为人怎么改变人均资本存量，经济体最终都会趋向于稳态，这种情况就是新古典增长模型中的贫困陷阱。同样的情况出现在 k_3^* 的位置，不过此时处于人均资本存量较高的稳态。而对于 k_2^* 位置情况则不同，不论是 $k < k_2^*$ 或是 $k > k_2^*$，经济体都会趋向于偏离该状态，因而该状态下是不稳定的。

贫困陷阱是否真的存在，除了理论上的阐述，还需要在现实的经济中进行检验，很多研究者应用跨国数据从整体水平上检验，结论不尽相同。根据贫困陷阱理论，跨国的人均收入会出现双峰分布，即贫困国家的人均收入主要集中于低水平附近，而富裕国家的人均收入则在高水平附近。在众多的实证研究当中，Quah 和 Danny(1996)估计了跨国人均收入分布的演变，发现确实存在着收入的双峰分布。另外，Bloom、Dawid、Canning 和 Sevilla(2004)的研究同样表明，在控制国家的地理特征之后，跨国收入分布也是呈现双峰分布的。当然，也有一些研究者对此提出了不同的意见。Kremer、Onatski 和 Stock (2001)认为世界收入分布应该是一个长期的过程，收入不平等短期内可能会增加，但是最终将达到一个单峰分布。Azariadis 和 Stachurski(2005)也得到类似的实证结果，认为跨国收入分布在演化的过程中会出现双峰分布，但长期收入分布最终收敛于一个单峰分布。

除了贫困陷阱理论本身之外，采用不同的实证研究方法以及不同来源的数据等因素本身就会对研究结果产生不同影响。无论如何，从理论上来看，贫困确实存在着自我强化的机制，而在现实中也可以观察到贫困现象的持续存在。

从 1978 年改革开放以来，西藏的人均国内生产总值与全国平均水平之间的差距不断拉大(图 3-6)，1978 年西藏的人均国内生产总值为 375 元，是全国平均水平的 98%；2011 年西藏人均国内生产总值 20 077 元，是全国平均水平的 57%。

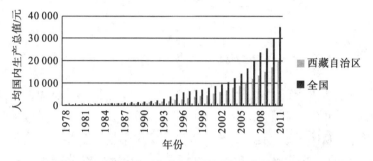

图 3-6　西藏自治区与全国人均国内生产总值(对比)
数据来源：《中国统计年鉴 2012》及《西藏统计年鉴 2012》

根据经济增长理论，人均产出的大小主要由投入要素决定，其中人均资本存量的大小起到了非常关键的作用。图 3-7 可见固定资产投资情况，1996～2002 年，西藏固定资产投资增速超过全国平均水平；除 2009 年的增速大于全国平均水平之外，其他年份的增速都小于全国平均水平。

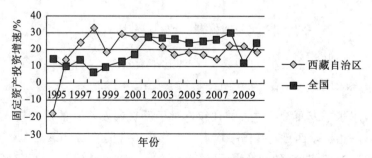

图 3-7　固定资产投资增速
数据来源：《中国统计年鉴 2012》及《西藏统计年鉴 2012》

由于投资是来自家庭的储蓄，除了固定资产投资以外，我们再看看西藏人均储蓄额与全国平均水平的对比(图3-8)。根据统计数据，1990年西藏人均存款额为80元，为全国平均水平153元的52%；2011年西藏的人均存款额为10 566元，为全国平均存款额20 554元的41.4%，无论是总量还是增速都低于全国平均水平。

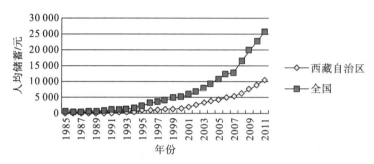

图 3-8　西藏与全国人均储蓄(对比)

数据来源：《中国统计年鉴 2012》及《西藏统计年鉴 2012》

除了物质资本存量对经济增长的作用，人力资本同样非常重要。从人力资本的角度看，我们选取了每十万人当中西藏与全国的中学生人数与大学生人数这两个指标。从图3-9可见，每十万人中西藏中学生人数相当于全国水平的比值从2004年的63%上升到2011年的82%，这个差距在逐渐缩小；每十万人中西藏大学生人数相当于全国水平的比值从2004年的38%上升到2011年的47%，说明西藏大学生的相对额略有增加，但人数依然较低。

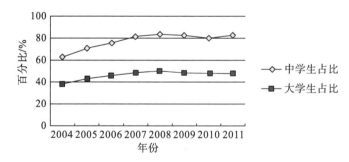

图 3-9　每十万人中西藏与全国的中学生人数和大学生人数占比

数据来源：《中国统计年鉴 2012》及《西藏统计年鉴 2012》

从技术水平方面看，过去的几年，对于反映研发水平的研发投入占GDP的比例这一指标，西藏与我国平均水平也存在非常大的差距(图3-10)。根据统计数据，2007年西藏的研发投入仅占当年GDP的0.12%，远远低于全国1.4%的水平；随后的几年之中，全国R&D投入占GDP之比逐年上升，到

2011 年该比值达到 1.84%；同期西藏的 R&D 占 GDP 之比却逐年下降，到 2011 年该比值仅为 0.08%。

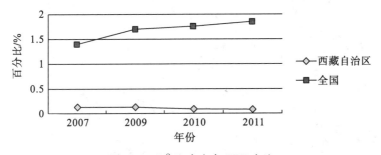

图 3-10 R&D 支出占 GDP 之比
数据来源：《中国统计年鉴 2012》及《西藏统计年鉴 2012》

综合来看，在人均物质资本存量、人力资本水平以及技术水平等决定经济增长的几个重要因素方面，西藏与全国平均水平之间都存在着很大的差距，决定了其在经济增长中绝大部分时间处于低水平的稳态中，难以摆脱处于贫困陷阱的状态。

二、非经济视角的贫困

非经济贫困是伴随着贫困研究领域的扩展和贫困研究视角的转换而出现的，是指人们在物质方面以外所承受的剥夺状况，主要涉及健康、文化教育和权利等方面，即社会资本缺乏引致的贫困。以下内容主要从影响家庭或个人的微观因素进行，考察众多因素对不同家庭贫困概率的影响。西藏日喀则地区下辖 18 个市县，包括日喀则市、南木林县、江孜县、定日县、萨迦县、拉孜县、昂仁县、谢通门县、白朗县、仁布县、康马县、定结县、仲巴县、亚东县、吉隆县、聂拉木县、萨嘎县和岗巴县，本次调查问卷调查的范围包括除了仲巴县、吉隆县和萨嘎县之外的 15 个市县，其中每个县的样本分布情况为：日喀则市 15 份、南木林县 86 份、江孜县 64 份、定日县 3 份、萨迦县 204 份、拉孜县 136 份、昂仁县 58 份、谢通门县 19 份、白朗县 13 份、仁布县 35 份、康马县 11 份、定结县 120 份、亚东县 6 份、聂拉木县 3 份以及岗巴县 3 份，总共 776 份，其中有效样本 715 份，各市县调查问卷样本分布如表 3-4 所示。

表 3-4 调查问卷分布情况

名称	各县人口比例	问卷数	各县问卷占比
日喀则市	15.727 4	15	1.93
南木林县	10.900 49	86	11.08

名称	各县人口比例	问卷数	各县问卷占比
江孜县	9.674 752	64	8.25
定日县	7.336 66	3	0.39
萨迦县	6.707 488	204	26.29
拉孜县	7.227 992	136	17.53
昂仁县	7.11	58	7.47
谢通门县	6.29	19	2.45
白朗县	6.32	13	1.68
仁布县	4.45	35	4.51
康马县	3.07	11	1.42
定结县	2.79	120	15.46
仲巴县	2.81	0	0
亚东县	1.89	6	0.77
吉隆县	1.92	0	0
聂拉木县	2.44	3	0.39
萨嘎县	1.88	0	0
岗巴县	1.45	3	0.39

数据来源：人口数来自《西藏统计年鉴2012》，各县问卷数来自本次调查问卷结果

根据贫困概念及调查问卷结果，我们将所有被调查家庭分为两种状态：贫困和非贫困，符合二元离散模型的要求，因此借鉴张清霞（2008）的方法，采用Logit模型的logistic函数形式分析，这也是处理该类问题比较常见的方法。其中，对于家庭人均纯收入低于1500元的家庭，定义因变量 $y=1$，表示属于贫困家庭；人均纯收入大于或等于1500元的家庭，定义 $y=0$，表示非贫困家庭。则Logit模型的基本形式为

$$P_i = \frac{1}{1 + e - \left(\alpha + \sum_{j=1}^{n} \beta_j X_{ij} \right)}$$

其中，P_i 表示家庭贫困的概率；i 表示家庭编号；j 表示影响因素编号；β_j 表示各影响因素的回归系数；n 表示影响因素的个数；X_{ij} 是自变量；表示第 i 个家庭的第 j 个影响因素；α 表示回归截距。

本书采用SPSS 16.0版本的软件进行检验，回归结果见附录2。我们认为影响西藏日喀则地区贫困的微观因素主要包括以下几个方面。

1. 区域特征

从回归模型 3 看，不同区域对贫困的影响是不一样的。相对于山区，平原和边境地区对贫困具有负向影响，意味着居住在平原和边境地区的居民有相对较低的贫困概率。其中，居住在边境地区对贫困的负向作用更大，而且回归结果显著。这个结果在整体回归结果（模型 11）中仍然存在，只不过结果并不显著。我们认为主要原因在于西藏边境地区老百姓参与贸易往来的主要形式为物物交换，且基本限于生活必需品，其他产品贸易往来很少。

2. 人口状况

人口状况对贫困的影响包括人口数量和质量的不同作用。从人口数量上看，根据被调查家庭的具体情况，我们将调查家庭的人口规模分为 1 或 2 人、3 或 4 人、5 或 6 人以及 7 人以上。从回归模型 4 来看，相对于 1 或 2 人的家庭，5 或 6 人的家庭对贫困具有负向作用，而小于以及大于这个数量对于贫困的降低并没有产生作用。这也说明家庭人口并不是越多越有利于贫困的降低，当然也不是越少越好，也就是说家庭人口规模的适度性对于贫困的降低是非常重要的。从人口质量上看，我们采用了户主的教育程度以及家庭是否自愿参加政府的技能培训作为衡量指标。由于被调查家庭的户主文化程度中 96% 为初中及以下水平，因此我们只做了三个层次的分类，即文盲和半文盲、小学、初中及以上。从模型 1 看，相对于文盲和半文盲，户主的小学文化教育程度并没有对贫困的降低产生积极的作用且结果显著，只有初中及以上的文化程度对贫困具有负向作用，虽然这种作用并不显著。也就是说，即使我们不能说初中及以上的文化程度对贫困的降低没有显著的作用，但是初中以下文化程度却显著地带来贫困概率的上升，这个结果在整体回归模型 11 中仍然存在。另外，从家庭是否愿意自费参加技术、服务及就业方面的培训看（模型 6），愿意参加培训对贫困的降低有显著的作用，我们认为，愿意参加这些方面的培训对于提高家庭的劳动力水平具有较好的刺激作用，而劳动力水平的提高可以增加家庭收入进而降低贫困。从家庭成员从事的行业来看，与从事第一产业相比，从事第二产业和第三产业都可以降低贫困，其中有些从事的行业由于没能在问卷中反映出来只能划分到其他类当中，这个在回归模型 3 以及整体回归模型 11 中都具有降低贫困的作用。这也说明，从事农业和非农产业之间对于家庭的贫困概率的影响是不同的。

3. 社会资源

社会资源对于贫困概率的大小同样起到非常重要的作用。参照一般做法，我们首先选择了贫困地区家庭是否有乡村干部这个指标，从回归模型 5 看，家庭有乡村干部会降低贫困概率,不过在整体模型 11 中这种作用却相反。从模型 10 看,家庭所处的区域到外部市场的交通状况来看,相对于机耕道及羊肠小道这样的交通道路状况,乡村公路以及柏油公路这种交通道路可以降低贫困概率,这与整体模型 11 中的结果是一致的。从家庭是否负债来看,负债对于贫困具有较强的正向作用,不论是在单独回归模型 9 还是在整体回归模型 11 中,这种作用都是显著的。家庭的负债之所以会显著地带来贫困概率的上升,结合调查问卷的具体情况,根据对负债原因及金额的分析,我们发现被调查家庭有 62% 的家庭有负债,平均负债额 10 325 元;在负债家庭中,53% 用于建房、2% 用于医疗、8% 用于教育,39% 用于其他方面。如果说用于教育的负债是作为教育投资的话,则用于医疗、建房等方面的负债等大部分是用于消费,因此我们不难理解该地区家庭负债会显著地带来贫困概率的上升。另外,我们还选择了家庭对政府优惠政策的了解程度这个因素,我们想知道,政府对贫困地区给予的多方面的优惠政策,当地家庭是否熟悉,如果对这些优惠政策比较了解,是否对贫困概率的降低产生作用。从模型 8 的结果看,对政府给予的优惠政策了解得越多则越会对贫困带来负向作用,而且这种作用是显著的。

以西藏为代表的我国少数民族地区的贫困原因,本节从经济视角以及非经济视角进行分析。结果显示,在资本形成、储蓄积累、人力资本水平以及技术水平等方面大部分均低于全国平均水平的情况下,往往容易陷入发展经济学理论的贫困陷阱之中;从影响贫困形成的微观因素进行分析,西藏的地区特征对于贫困的形成具有不同的影响;家庭人口数量、人口结构、主要人员从事的行业类别以及人员文化教育水平也对贫困的形成产生了非常重要的影响;家庭拥有的社会资源包括家庭成员是否有村干部、家庭所在地与外部市场的交通状况、家庭是否有负债以及负债的类型、对当地政府给予的用于扶贫的优惠政策的了解程度等因素同样对贫困的形成具有重要的影响。

第四节　减贫政策的历史演进

中国有 13 亿多人口,56 个民族,其扶贫难度世所罕见,然而,中国的减贫成效世人瞩目。那么,中国的扶贫政策到底经历了一个怎样的调整过程? 作为中国扶贫过程中扮演最重要角色的政府,到底依据什么调整减贫政策? 扶贫政策在我国的减贫过程中,到底发挥了多大的效应? 在当代中国,从扶贫政策调整的过程以及制度演变的视角来回答上述问题,不仅在于描绘我国的减贫路径与轨迹,更在于揭示扶贫政策与减贫效应之间的关系,并为调整减贫政策提升减贫效应提供可供参考的历史证据。

减贫的终极目标是贫困人口数量下降、贫困群体全面发展、贫困地区综合发展。一般而言，政府减贫可以最大程度上解决因减贫带来的正外部性问题，可以改善贫困地区的基础设施、医疗卫生等公共产品供给，为贫困群体提高人力资本、创造物质资本、提升社会资本创造条件，也可以为贫困地区引进其他投资创造良好的经济社会环境。尤其是我国少数民族贫困地区，自身财力严重不足，缺乏促进地区综合发展与贫困群体自身综合素质提升的能力，若中央政府与其他省市不支持，必将愈加贫穷。据此，根据政府财政支持力度的调整、财政减贫政策的变化等，笔者将我国扶贫历程分为以下五个阶段。

第一阶段是 1949~1977 年的单一小规模的道义性减贫阶段，主要围绕救济和救助保障贫困者的临界生存权。

第二阶段是 1978~1985 年的制度性减贫阶段，救济性的实质不变，针对专项区域着力解决贫困者的基本温饱问题。

第三阶段是 1986~2000 年开发式减贫阶段，财政专项资金瞄准国家和省级贫困县，缓解农村绝对贫困。

第四阶段是 2001~2010 年的专项减贫阶段，实施瞄准开发，调整贫困县并由县级瞄准转向村级瞄准，连片贫困人口摆脱贫困。

第五阶段是 2011 年至今综合减贫开发阶段，社会要素与经济要素相融合，减贫重点由绝对贫困转向相对贫困。

一、1949~1977 年：道义性减贫

基于新中国建立在旧中国经济社会一穷二白的基础上，因此该阶段至少有 40%~50% 的人群处于生存贫困状态[①]。整个社会崇尚"大同社会式"的平均分配方式，这个阶段的减贫属于道义性的救济和救助，因此具有明显的单一性和分散性，是典型的"输血式"减贫。此阶段是我国实行计划经济时期，中国农村通过人民公社化运动，确立了"队为基础、三级所有"的农村社会主义集体经济制度，有助于缓解极端贫困现象。一是农村对丧失劳动能力和无人抚养、赡养人口实施"五保"救济制度，以及普遍覆盖的农村合作医疗制度。二是农村集体内部根据平均主义的原则分配生产资料和生活资料，控制和减少了贫困中最严重的部分。当然，这种制度不利于生产积极性和生产效率的提升，有限的农村剩余劳动力也被统购统销制度转移至国家初步发展的工业部门，造成农村整体居民陷入长期贫困的陷阱、温饱问题亟待解决，农村地区整体社会福利处于极低的水平。此外，计划经济使得资源无法自由流动，城乡发展差距拉大，农村剩余劳动力的转移被严格限制，这相当于关闭了农村地区提高福利水平的通道。因此，1978 年以前的中国农村，"五保"供养制度是唯一的社会福利制度。

---

①周彬彬. 1991. 人民公社时期的贫困问题. 经济开发论坛, (3).

二、1978~1985 年：制度性减贫

中国的改革开放，对于中国经济社会的发展具有重要的里程碑意义。这一变革，使得中国的经济社会变革呈现出明显的阶段性特征。这一阶段平均分配战略被替代，为中国的减贫事业翻开了新的篇章。该阶段政府将工作中心转为经济建设，同时自下而上的土地改革，使得土地要素的生产效率开始释放。该阶段减贫成为政府的重要职责，国务院于 1984 年发布的《关于帮助贫困地区尽快改变面貌的通知》，标志着我国的扶贫模式由道义性减贫向制度性减贫转变，国家财政对贫困群体给予救助，但未改变救济"输血"的本质，只能暂时性地缓解贫困。农村的长期贫困状况在 1978 年以后的农村改革中得到改善。农村地区的一系列大胆改革：推行家庭联产承包责任制，通过改变农业生产方式推进农业生产力；改革农产品流通体制和购销体制，放松农村剩余劳动力转移限制；鼓励多种成分的经济体共同发展，鼓励多种所有制结构并存；大力调整农村产业结构；进一步完善农业法律法规；延长土地承包期；对农业生产资料进行限价销售等。以农村家庭联产承包责任制为主的农村改革措施不仅推动了农村经济的跨越式增长，也通过经济增长推动了农村贫困率的下降。1978~1985 年，中国的农村贫困发生率从 30.7% 降至 14.8%，农村贫困人口从 25 000 万人锐减为 12 500 万人。农村贫困率的快速下降可从农村居民人均收入的增长得到印证。从 1978 年的"包干制"到 1980 年的"家庭联产承包责任制"，中国城乡人均收入比从 1978 年的 2.57 下降到 1985 年的 1.86，农村居民人均收入的增长率大幅超过城市居民。经济增长推动减贫进程，犹如水涨船高，农村地区的社会福利整体得到提升。卢峰(2001)将这个阶段的增长和减贫归因于农产品收购价格的提高、乡镇企业的发展及农村人口流动获得的要素报酬；陈立中(2009)用 Foster 等构建的贫困指数公式将贫困变动分解为收入效应和分配效应，实证研究发现 1980~1988 年中国农村贫困率的下降得益于收入水平的快速提高、收入效应超过分配效应。

三、1986~2000 年：开发式减贫

此阶段中国农村地区经济快速增长，并呈现出明显的不平衡性，尤其是我国少数民族地区，由于受地理、历史、文化、经济、社会等多种因素的制约，与全国的平均水平、东部地区、中部地区差距越来越大。1986 年全国人大六届四次会议将"老、少、边、穷"地区迅速摆脱经济和文化落后的状态作为一项重要内容，列入《国民经济和社会发展"七五"计划》，新的、突破性的反贫政策陆续出台，并开展以区域瞄准为主的扶贫开发。1987 年发布《关于加强贫困地区经济开发工作的通知》，明确指出此阶段主要依靠发展地区经济实

现减贫目标。在此基础上，还制定了国定贫困县扶贫标准，并设定了财政扶贫专项资金，包括专项扶贫贷款、以工代赈和财政发展基金。在此阶段，我国贫困人口由 1.25 亿人下降到 1993 年年底的 8000 万人，是我国减贫成效最显著的一个阶段，并成功实现由"救济式"减贫向"开发式"减贫的战略转变。

这一阶段，由于中国的贫困问题在很大程度上得到了缓解，减贫成效开始递减，并且难度加大，贫困人口主要集中于自然条件恶劣、基础设施落后以及整个经济社会发展都比较落后的山区以及少数民族地区。1994 年提出《"八七"扶贫攻坚计划》[1]，进一步改善资金投入和贫困瞄准，并对原来的全国重点贫困县进行了调整；1996 年扶贫开发工作会议首次提出"对口帮扶"政策[2]；1999 年扶贫工作会议强调扶贫资金用于解决贫困人口温饱问题方面，优先利用资金领域包括饲养和养殖业、小额信贷、粮食和经济作物改良品种等。以目标先行的扶贫政策实际执行效果鲜明，到 1999 年年底全国农村贫困发生率降至 3.7%。陈立中（2009）的研究发现，1991～1998 年中国农村贫困率的下降得益于收入水平的上升和收入不平等状况的稳定，并将之归结为大规模的扶贫开发政策。政府财政支出专项资金服务于扶贫的政策目标，1986～1999 年，中央政府财政用于扶贫的专项资金为 1313 亿元，其中，1986～1990 年平均每年支出 40 多亿元，到 90 年代初上升到 60 亿～70 亿元。理论上，开发式扶贫应包括发展教育和卫生事业、改善生态环境、生产加工项目投资、开展技术培训加强人力资本建设、加快农业基础设施建设、改善生产生活条件、提供生产社会化服务、建立社会安全网八个方面的内容，然而扶贫资金的支出结构却暴露了扶贫开发的选择性。1986～2000 年共计 1378.1 亿元的财政扶贫专项资金中，用于提供社会化服务项目的发展基金的财政发展资金为 273.6 亿元（占比 19.85%），用于改善生产条件项目如修建基础设施的以工代赈资金为 349 亿元（占比 25.32%），用于生产性项目特别是种植业、养殖业和劳动密集型产业的信贷扶贫资金为 755.5 亿元（占比 54.82%）。扶贫计划的实施重点集中在能够短期带来明显收益的生产性项目和基础设施建设上，而收益回报期长的科、教、文卫等投入所占比例却很低。而且，任何转移支付都具有"漏出"效应，扶贫资金的投放效果也不例外。刘冬梅（2001）构建了评价扶贫资金投放效果的指标体系，包括经济、社会、生态、收入、消费、储蓄、教育、卫生和生育 9

---

[1]1994 年 3 月，国务院制定和发布的关于全国扶贫开发工作的纲领。"八七"的含义是：对当时全国农村 8000 万贫困人口、592 个国定贫困县的温饱问题，力争用 7 年左右的时间（1994～2000 年）基本解决。

[2]1996 年 10 月，中央召开了扶贫开发工作会议，在《关于尽快解决农村贫困人口温饱问题的决定》中确定了对口帮扶政策，要求北京、上海、广东和深圳等 9 个东部沿海省市和 4 个计划单列市对口帮扶西部的内蒙古、云南、广西和贵州等 10 个贫困省区，双方应本着"优势互补、互惠互利、长期合作、共同发展"的原则，在扶贫援助、经济技术合作和人才交流等方面展开多层次、全方位的协作。

个指标组及相应二级指标、共计 22 项①，发现 1990～1997 年财政发展资金和信贷扶贫资金的边际收益均表现出下降趋势。尽管 20 世纪 80～90 年代中国反贫困战略取得举世瞩目的成绩，为全球反贫困做出了极大贡献，但始于 20 世纪 80 年代中期的开发式扶贫政策发挥的福利边际效益十分薄弱。以教育为例，20 世纪 80 年代中期的农村改革，形成了农村义务教育经费由农民、社区筹集资金以及在乡、县基层行政区划范围内统筹的基本格局②。贫困人群集中的中西部农村，基层政府税费征收基础小、转移支付能力较弱，家庭支付能力也低，因此基础教育基本支出难以保障，这些地区不仅成人文盲率高，而且儿童失学辍学现象普遍。

到 2000 年年底，全国贫困人口只有 3000 万人，更为重要的成就在于全国的贫困人口由原来的区域性与绝对性贫困，开始转为部分地区与相对贫困，成绩卓然。

四、2001～2010 年：专项减贫

随着减贫事业的进一步推进，同样的减贫投入，收益不断递减，意味着减贫效应递增，减贫难度加大。贫困呈现出顽固性的特征，为了进一步提高减贫成果，提高减贫精准度。21 世纪以来，从中央到地方，各级政府的扶贫资金规模不断扩大，专项扶贫资金总额从 2002 年的 250.2 亿元增加到 2010 年的 606.2 亿元。尽管扶贫规模日益扩大，但对于广大的贫困群体来说，扶贫资源依然是稀缺的。随着新时期中国农村剩余贫困人口的地理分布由相对集中的县域层面向既相对集中又遍布全国的格局转变（徐月宾，2007），将扶贫资源的瞄准对象从县、乡渐渐聚焦到村一级，2002 年全国共选定 14.8 万个贫困村，专项扶贫开发以行政村为单位展开。《中国农村扶贫开发纲要（2001～2010 年）》强调群众参与以及自下而上开展扶贫工作，实施建档立卡来明确扶贫对象确保帮扶到户，这对于受帮扶群体的个体福利提升自然有益，但由于建档立卡本身存在福利测量和农户参与两种视角的贫困瞄准方法，该方法下的贫困划分存在 37%～50% 的不一致（杨龙　等，2015）。扶贫到户的资金投入效果十分显著，岳希明等（2010）利用倾向得分匹配法（propensity score matching），发现 2006

---

①经济类有人均 GNP、人均财政收入、农业总产值占 GNP 的比例和农户人均粮食占有量四项；社会类有未解决饮水困难人数占乡村总人数的比例、通电村数占总村数的比例、通公路乡镇数占乡镇总数的比例和未解决温饱人口占乡村总人口的比例四项；生态类有有效灌溉面积占耕地面积的比例和粮食单产两项；收入类为农户人均纯收入；消费类为农户人均社会消费品零售总额和年末城乡居民人均贷款余额两项；储蓄类为年末城乡居民人均存款余额；教育类为每名教师负担学生数、适龄儿童失学率、小学毕业生升学率和农村劳动力文盲率四项；卫生类为每千人拥有医生数、每千人拥有病床数和人口平均预期寿命三项；生育类为人口自然增长率。
②2006 年年初国务院改革农村义务教育经费保障机制，各级政府分担经费投入的体制责任逐渐明确。

～2009年接受扶贫资金资助的项目户人均纯收入增长速度明显高于非项目户；而且，无论扶贫资金是否包含退耕还林还草补贴，还是扶贫对象为农户以及贫困户，效果都一样。Park and Wang(2010)对中国2001～2004年中国整村推进贫困村农户和非贫困村农户的收入差异进行了比较，发现贫困村农户的收入增长速度比同一县内非贫困村农户显著高2%；整村推进中富裕户的收入和消费增速显著高于非整村推进富裕户。此外，张彬斌(2013)研究表明，1998～2009年扶贫政策对扶贫重点县农民收入具有滞后的增收效应，同时，由于国家确定扶贫重点县时以该县初期收入水平为依据，这使得扶贫政策的增收效应具有异质性。

此外，扶贫项目也更具针对性和多元化。2000年以来比较有影响的扶贫项目包括：2004年扶贫贷款财政贴息改革[1]；2006年贫困村互助资金试点；2007年在中西部地区21个省份启动以"县为单位、整合资金、整村推进、连片开发"的试点工作；2010年开展用于贫困劳动力培训的雨露计划实施方式改革；等等。21世纪扶贫政策具有整村推进的特征，扶贫内容包括产业化扶贫、劳动力培训转移、移民搬迁、贫困村级互助资金等多元化的形式(张伟宾和汪三贵，2013)。由于贫困人口中相当一部分是因残疾或大病等失去了劳动能力(徐月宾，等，2007)，中国政府实施的农村扶贫战略中也有针对特定人群实施的救助性扶助和补贴性扶助，包括农村最低生活保障制度、农村大病救助、退耕还林还草补贴、农业生产补贴、寄宿制学生补贴、临时救济和救灾补助、取消农业税、免除农村义务教育阶段学生学费等。财政扶贫支出虽一直存在"漏出"效应，但是与20世纪相比，21世纪以来的扶贫支出边际效益在下降，这得到了学术界的一致公认。Fan(2003)研究发现，扶贫目标瞄准机制的低效率以及资金的错误使用使得政府的扶贫贷款和反贫困项目的减贫效果一直不甚理想。但不可否认，2000年以来扶贫项目有效促进了贫困地区的经济发展，有效改善了贫困地区的社会环境，有效加快了贫困地区基础设施的建设步伐，有效提升了贫困群体的福利水平，有效拓宽了贫困群体参与市场的机会，有效增强了贫困群体参与市场竞争的能力。

这一时期的扶贫重点也由原来的绝对贫困开始向相对贫困转变，并开始由二、三阶段的经济性要素扶贫向社会性要素与经济性要素相结合的方式为贫困群体与贫困地区提供服务。到2010年年底，我国农村有贫困人口2688万人（按2010年农村贫困标准1274元测算），比上年年末减少909万人[2]。

---

①1984年以前，中央政府通过财政支出支持贫困地区发展。1984年"拨改贷"后，财政拨款改为通过银行贴息贷款，1994年以前由中国农业银行发放。1994年政策性银行中国农业发展银行成立以后，改为由中国农业发展银行发放。1998年3月以后，又重新划归中国农业银行管理。通常管理办法是，扶贫部门负责审定贴息贷款项目，银行虽然也参与项目评估，但是作用比较有限。项目确定后由银行负责对取得地方扶贫领导小组批准项目发放贷款。

②国家统计局：《中华人民共和国2010年国民经济和社会发展统计公报》，2011年。

五、2011 年至今：综合减贫

此阶段根据国内经济发展状况，结合国际贫困标准，我国的扶贫目标进一步调整，特别是 2011 年的《中国农村扶贫开发纲要（2011~2020）》明确指出此阶段的主要目标为进一步加快贫困地区发展，促进共同富裕，实现到 2020 年全面建成小康社会的奋斗目标。为此，进一步明确扶贫重点区域，采取专项扶贫、行业扶贫、社会扶贫相结合的综合扶贫模式。2011 年中央调整新的贫困标准定为 2300 元（2010 年不变价），当年中国贫困人口达到 1.3 亿人，2014 年中国农村贫困人口减少到 7017 万人。2014 年"精准扶贫"提出，强调运用多种手段，整合政府、企业、社会组织和个人的多方面力量真正实现精准扶贫。

纵观中国减贫政策的历史演进，财政支出在中国的减贫过程中发挥了不可替代的作用，未来如何提升减贫效应，对我们提出了新的考验。同时，从我国减贫的历程看，中国的减贫经历了以"救济为主""经济要素为主"到"经济和社会性要素综合"的三种扶贫开发模式。这三种扶贫模式，其实反映的是中国社会制度的变革过程，第一种模式，当时的中国强调"公平分配"，即朴素的均分制思想。第二种模式强调"有效分配"，即强调对效率的侧重而非平等，这一时期中国经济取得了持续快速的发展，但也带来一些负面影响，如城乡收入差距拉大，地区发展差距加大，两极分化不断严重，社会问题频现，这既不利于我国的长治久安，亦不利于我国经济社会的可持续发展。第三种模式强调"公平与公正"，针对第二种模式时期中国出现的一系列问题，政府通过资金支持，给予低收入者最低生活保障，并使他们享有同样获得教育、就业、医疗等机会。但这种模式必须增加企业与个人的所得税，这将在一定程度上影响生产与投资的积极性，从而对整体经济产生负面影响。

因此，注重对我国贫困地区、贫困群体的大力扶持，地区政策、资金支持的倾斜等，就显得尤为必要。特别是在中国扶贫过程中，政府一直发挥着主导作用，其中扮演最重要角色的是财政扶贫资金，其被投入何方？如何影响我们的减贫成效，成效到底如何？如何发挥它的更大效应？等值得我们深省。很多县存在争取国家"重点贫困县"的名额，很多地方甚至出现农民"争贫困"的现象，对下一步减贫工作的精准性与效率提升提出了新的考验。

第四章　财政支出减贫的作用机理

贫困是一个社会公平问题。在追求效率最大化的市场经济条件下，由于各种内外部因素导致人的能力存在显著差异，这就使贫富分化成为可能，甚至会出现部分群体的生活水平无法满足基本生存需要的情况。当贫困累积到一定程度，又会反过来损害经济效率的实现，成为引发社会不安定的重要因素。可见，仅靠市场这只"看不见的手"无法有效缓解贫困，这就需要政府在此方面发挥更加积极的作用。从现有的政策实践看，政府既可以通过转移支付等手段，直接对贫困人群给予物质救济，满足其暂时性的生活需要；也可以通过其他间接方式（如为贫困人口提供教育、医疗和社会保障等），提升贫困人群自力更生的能力，增强政府供给的可持续性，真正实现脱贫致富。事实上，如果公共资源是无限的，那么政府可以运用上述各种手段达到减贫目标。但是，财政资源同其他一切经济资源一样，具有稀缺性，同时，财政资源是在多种目标下进行配置，而不仅仅只有减少贫困这一个目标。因此，摆在政策制定者面前的一个首要难题就是如何实现公共资源的有效分配，从而在特定约束下，最大化财政支出的减贫效应。

第一节　收入效应的作用机理

近年来，相关学术研究开始注意到财政支出与社会贫困之间的关系，许多学者试图分析不同类型的财政支出，特别是扶贫资金的减贫绩效。这类研究类似于政策评估，着重分析某一种扶贫项目试验的效果，其中很多研究都建立在田野实验的基础上。这些研究无疑对我们理解财政支出与减贫之间的关系大有裨益。然而，我们也需要看到，财政资源作为一种公共品，是存在规模约束的，不同类型的财政支出具有特定的机会成本。此类评估式研究在分析特定财政支出效果的同时，往往假定其他财政支出类型不会对减贫产生影响。但是，在现实世界活动中，接受援助的贫困人口不仅会获得财政资金的直接帮助，而且那些原本用于解决其他问题的财政支出也会对贫困人口产生或正或负的涓滴效应，其结果就是很难将不同类型财政支出的影响区分开来。这种对问题的分析思路，不仅会导致有偏结果的出现，更严重的是它会让政策制定者只关注减贫支出的规模和使用方式，而无法从财政支出整体性的角度，对财政资源的分配进行通盘考虑，进而对减贫支出的规模和结构做出一个更加科学合理的评估。

一、财政支出减贫机制的基本框架

贫困问题是我国迈向全面小康阶段面临的一大难题，财政支出在此领域还有很大的空间发挥作用。在地方政府财政能力有限，中央财政在稳增长方面需要投入大量资源的情况下，各级政府需要对扶贫资金的投入和使用进行统筹安排，建立能够实现包容性、益贫式（pro-poor）经济增长的财政支出体系。由于当前中国的剩余贫困人口主要集中在农村地区，因此，我们将重点关注财政支出如何影响农村贫困人口。

财政支出是政府为实现各种职能，弥补市场失灵产生的效率损失，为社会提供公共产品和服务进行的支付活动。一般来说，财政的主要职能包括资源配置、收入分配和调节经济。针对不同的职能，财政部门将国家集中的财政资金划分为不同的用途，以确保各项职能的顺利实现。目前，国际货币基金组织和世界银行通常将财政支出划分为经济支出、社会支出和其他支出。其中，经济支出包括用于农业和基础设施（能源、交通、通信）等方面的支出；社会支出包括用于教育、医疗、社会保障等方面的支出；其他支出则包括用于国家行政管理和国防等方面的支出（Fan，2008）。同样，还可以按照政府支出对经济增长和减贫产生的长期、短期影响进行分类划分。用于人力资本和物质资本投入的财政支出会对长期经济增长、收入水平和收入分布产生深远影响，基础设施、教育和研发投入就属于此类财政支出。当然，这些财政支出在短期内也会通过带动中间产品、劳动和其他生产要素的需求，达到减贫效果。用于社会保障或福利支出的财政支出将通过类似于直接收入转移对收入和减贫产生直接影响。当然，如果这种收入转移被受助家庭用于人力资本和物质资本形成，那么第二种财政支出也会产生长期影响。

当然，财政支出并不是完全为减少贫困而进行的社会资源再配置，但是财政支出的确是减少贫困的一个重要因素。图4-1说明了本章的基本框架，财政支出通过多种不同的机制影响减贫效果。深入理解这些不同的机制将有助于政策制定者设计更有效的政策。当前，大多数研究只考虑某一种财政支出或财政投入。例如，Alston等（2000）回顾了农业研发投入回报的案例研究，几乎所有相关研究都没有考虑基础设施、灌溉和农村教育等投入。同样的，许多研究发现了农村教育的高回报率（Schultz，1988；Psacharapoulos，1994）和基础设施投入与经济增长之间较强的因果关系（Canning and Bennathan，2000）。而且，许多发展中国家实施了许多形式和内容不同的减贫项目。在评估这些减贫项目时，财政支出的机会成本问题（即同一笔财政支出用于其他生产用途的最大收益）往往容易被忽略（Dev and Zhang，2004）。如果没有考虑其他投资的作用，其不仅会造成有偏估计，而且比较不同资本回报率也将十分困难。

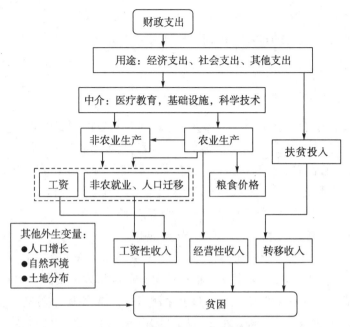

图 4-1　财政支出减贫的收入效应作用机理

对于农村居民而言，其收入构成主要来源于工资性收入、经营性收入和转移收入。其中，工资性收入是指农村人口在非农部门就业获得的工资报酬，具体表现为在本地乡镇企业或到外地打工，这往往与农民自身就业能力和外部劳动力需求密切相关；经营性收入是指农村家庭从事农业生产和买卖获得的收入，其取决于农产品数量和价格水平以及从事农业生产的成本支付；转移收入则主要是财政对农民的各类补贴。财政支出产生减贫效果，就是通过直接或间接方式影响农民各类收入来源，进而改善农民生活水平。

根据财政支出作用于减贫的方式，我们可以将财政支出的减贫机制划分为两种：第一种是直接提高贫困人口的收入水平。例如，财政支出通过转移支付的形式，对贫困人口进行补贴，提高他们的收入水平，减少消费支出，实现脱贫目标。第二种是财政支出经由相关媒介实现的减贫机制，通常包括经济增长总量和结构的变化，引起贫困人口收入的增加，达到减贫的目标。为此，本节及第五章我们将从直接和间接两个方向，详细展开财政支出减贫机制。

二、财政支出的直接减贫机制

如前文所述，政府支出影响农村贫困有多种途径。财政支出的直接减贫机制是直接面对贫困群体，通过财政支出手段带来实际收入增长和生存能力提高。具体包括：一是以扶贫救济和补贴等为内容的社会救助类财政支出，通过转移支付和降低医疗等支出，增加贫困人口收入，减轻其经济负担；二是在教育、培训和医疗等方面的支出，通过改善贫困人口的健康状况，提高人力资本水平，获得生产能力的进步，达到提高收入水平的效果。具体措施主要包括以下两个方面。

（一）转移支付的减贫机制

财政支出中的扶贫资金有一部分是采取直接补贴的形式发放到贫困人口的手中，这也是减少贫困和收入不平等的一种最直接手段。特别是对于那些极度贫困的群体而言，短时间内通过其他方式难以扭转他们生活资料短缺的现实，只有通过暂时性地转移收入来弥补其流动性不足的难题。如果此部分转移收入能够进一步被用于教育和培训等生产性活动，将会产生收入乘数效应（解垩，2010），对其未来收入水平带来长期积极影响。同时，财政转移支付还会对贫困人口起到保护作用，降低他们的多元化投资需求，避免生活陷入极端贫困（Ravallion，1988）。目前，我国政府根据各地区经济发展情况，建立了国家重点扶贫县名单，定向对低于该地区最低生活水平的贫困家庭发放救济金，使其满足基本的生活需求。此外，种粮补贴和家电、汽车等耐用消费品"下乡"的政府补贴，将财政资金直接以现金或抵补等形式返还到贫困对象手中。然而，我们也需要看到，这种暂时性的转移收入在短期内的减贫效果十分有效，但是如果没有一种实现长期持久收入增长的机制保障贫困家庭获得收入水平的提升，那么这种暂时性的转移收入就有可能阻止增长的可持续，甚至助长部分贫困家庭靠国家吃饭的问题，降低财政支出的有效性。

（二）教育卫生投入的减贫机制

贫困地区的教育和医疗水平极其落后，这导致贫困人口依靠自力更生实现脱贫的能力大大减弱，财政支出用于改善贫困地区教育、医疗条件的投入是十分必要的，也是克服贫困的关键因素（蒋志永和何晓琦，2006）。在农村教育和医疗卫生等方面的财政投入将会直接帮助提高农村贫困人口人力资本水平，提升其生存能力，发挥直接减贫效果。以农村教育投入为例，一方面，农村义务教育可以直接减少贫困家庭过重的教育负担，防止农村贫困学生出现辍学问题。在2005年年底，国家做出了深化农村义务教育经费保障机制改革的重大决策，将农村义务教育全部纳入公共财政，并确定中央和地方的分担比例，极大地减轻了农村家庭的教育负担，同时，为贫困学生提供一定的助学金和奖学金，进一步缓解了贫困家庭学生上学难的问题。另一方面，通过教育提高了受助者的知识文化水平，弥补贫困家庭通过自力更生摆脱贫困能力不足的问题。教育是增进人类知识和技能，个人获得境遇改善机会的一种社会活动，也是国家可持续发展的重要基石。然而，农村贫困家庭无力支付子女的教育支出，导致其后代获得知识和技能的能力显著低于同年龄人群，降低了贫困家庭通过教育提升自身造血能力的可能性。贫困—辍学—贫困的恶性循环一旦形成，就会导致贫困发生率长期居高不下。而破除这一循环的重要一环就是通过财政支出，减轻农村贫困家庭的教育负担，从而为贫困家庭在未来脱贫提供机会。

对于贫困人口而言，保持健康是他们时常需要面对的一大难题，"因病致贫、因病返贫"一直是造成贫困的重要原因。健康状况好的农民往往会获得更高的收入（陈琦，2012），这是因为健康不仅极大地降低了贫困者医疗卫生支出，使他而且可以使他有更多的时间从事农业和非农业生产，提升了贫困人口的劳动能力和获得收入的可能性。长期以来，我国农村卫生条件相对落后，农村生产生活环境较差，加之农村人口对健康和卫生习惯不够重视，导致农村人口患病概率较高，极易出现一人得病全家致贫的现象。因此，医疗方面的财政支出可以减轻农村居民的负担，延长贫困人口的生产性寿命，从而提高该群体的收入水平，增强抵御健康风险的能力，有效缓解贫困问题。

三、财政支出的间接减贫机制

财政支出不仅给贫困人口带来了暂时性收入和生产能力的提高，而且还会借助其他间接渠道改变贫困人口生产、生活的外部条件，起到减贫的效果。这其中最有效的手段就是提高地区和农业的长期经济增长，进而由增长带来经济社会环境的变化，提高贫困人口的收入水平，建立一种可行的长效机制。关于财政与经济增长之间关系的研究可谓汗牛充栋，本书将不在此问题上进行更多的阐述。我们将更多的精力用于描述包括增长在内的其他因素是如何发挥减贫积极效果的。

（一）农业产出增长的减贫机制

改革开放以来，中国农村贫困人口大幅减少的一个重要原因，就是农业部门产出持续增长，特别是 1978～1983 年农村改革的起步阶段，以家庭联产承包责任制为标志的一系列农村改革极大地提高了农民的生产积极性，推动了农村经济的快速发展。然而，之后随着改革重点向城市转移，农业产出增长开始放缓，导致农村贫困人口数量回升。实践证明，农业兴则农村减贫事业发展向好，农业败则农村贫困问题加重。究其原因，对农民而言，其主要收入来自农业生产。农业产出增长不仅会增加农民的实际收入，而且会增加对农业劳动力的需求，特别是对于那些土地资源较少的贫困人口来说，通过受雇劳动，取得一定工资性收入将会极大地缓解其收入压力。此外，农业生产率驱动下的产出提高通常伴随着农产品价格的下降，这对于生活处于温饱水平之下，家庭收入更多地用于食品消费的贫困户而言，将显著降低其必要的消费支出，提高他们的福利水平。因此，农业产出增长对农村减贫工作发挥着十分关键的作用。Irz 等(2001)较早地研究了农业产出和减贫之间的关系，他们使用回归方法分析了包括发展中国家在内的跨国样本，发现劳动生产率的减贫弹性为-0.83。Fan 等(2004)估计了中国农业产出的减贫弹性为-1.5，其中，农业收入提高占比81%，农村非农工资收入占比4%，农村非农就业占比15%，这一弹性数值要比 Datt and Ravallion(1998)对印度的估计值更大。农业产出减贫弹性越大意味着农业创造的就业机会越多，促进了农业与其他产业的联系，而农业产出推动的农产品价格下降则是减贫的最重要影响。然而，我们也需要看到农业产出增长模式和产出分布同样重要，产出更合理的分配，特别是在那些欠发达地区家庭式生产获得更多产出的增长，将会更好地促进减贫工作进展。

（二）非农就业的减贫机制

在中国农村地区，许多贫困人口拥有可耕地面积较小且肥力不高，这造成农业产出增长缓慢，农业产出甚至无法满足其基本的生活需要。因此，他们只能依赖其自有的唯一生产要素——劳动力来获取更多的收入。外出务工或者在本地区实现非农就业获得工资性收入就成为这些贫困人口增加收入的重要手段。同时，从事非农生产和就业对于贫困家庭而言，相当于实现了收入来源的多样化和风险分散，降低了因为外部冲击农业减产造成的收入下降，从而增加了贫困人口长期持久收入的稳定性。实际上，由于非农产业的生产率水平不仅远高于农业，而且其增长速度也更快，因此非农产业起到了增长引擎的作用，将农业劳动力源源不断地从贫困生活中解脱出来，而农业则在实际上发挥了安全网的作用，避免农村家庭掉入贫困线之下，或是在非农部门经济不景气时，起到临时性的保障作用。诸多研究表明，对于那些无地或者少地的贫困人口而言，非农就业工资性收入占其全部收入的比例更高。Fabrizio 等(2000)的研究指出，那些耕地面积更多的泰国农民，他们的非农就业收入比重更低。尽管农村地区也有一些技术要求高的工作，并且能提供更高的收入，但是贫困群体更多的还是参与到那些技术要求更低、自身投入更少的工作岗位中，这说明贫困群体在获得高收入岗位时面临着进入壁垒。

"三农"财政投入不仅会直接提高农村地区的经济增长、就业和工资水平，而且将为整个国家的经济提供丰富的劳动力资源、更多的人力和物质资本、更低价格的食品和更加广阔的国内市场，而国家的经济增长又会反过来化解城市和农村的贫困问题。对上述影响机制和途径的分析，将帮助我们更好地理解国家减贫战略的有效性问题。特别是，这将使我们更好地将有限的财政资源更有效率地用于减贫。可见，财政支出、经济增长和农村贫困三者之间的关系十分密切。

第二节　福利效应的作用机理

福利是一个兼顾主观和客观的概念，本节所讨论的福利效应，则是指客观福利，涉及医疗保险、现金补助、食品补助、住房补助、教育、服务、就业和培训、能源补助等诸多项目。

一、产生福利效应的两种途径

根据财政支出减贫的对象和范围，福利效应的产生途径分区域和个体两类。区域途径是指通过各类生产性和非生产性的财政支出，或在贫困地区开设工厂，或加强贫困地区的基础设施建设、农业生产条件、科教文卫事业发展等，提高贫困群体的生产能力和市场参与度。个体途径则是在经济增长的背景下，通过所得税、转移支付、社会保障、直接补贴等手段，不仅直接增加贫困户的收入，还意图构建社会安全网、平衡收入分配机制，创造利于民生的社会经济环境。

（一）区域途径

财政支出减贫，作为公共财政支出的重要内容，在贫困地区充分发挥资源配置的职能。区域空间内的资源配置，既可直接改善贫困人口的生产、生活条件，也可增强贫困人口的生产能力和市场参与度。林伯强（2005）的实证研究发现，中国政府财政支出用于农村教育、农业研发、农村基础设施（水利、公路、电力和通信）的投资降低了农村贫困与地区间的不平等。Fan and Thorat（2007）的研究发现，在中国和印度两国诸多类别的公共支出项目中，农业研究、教育和农村基础设施的支出是最有利于农业生产率提高和贫困减少的三大支出。

一是加强基础设施建设，用于满足和改善贫困地区的生产、生活需求，增强贫困人口的市场参与度。例如，修路修桥、增设交通运输设备和线路、搭建邮电通信设施、改善水电水利、提供能源供给、实施农田建设、植树造林、治理水土流失等。在地区经济的起飞阶段，需要大量资本投入，基础设施在其中扮演着先导角色。无论是钱纳里向基础设施倾斜的"优先发展论"，还是罗森斯坦·罗舟关于大规模基础设施投资的"平衡大推进战略"，基础设施在经济发展中的重要性得到了学术界和业界的一致公认。

二是发展教育事业、增强人力资本水平，包括普及中小学九年制义务教育、举办劳动技能培训班、推广农村科学技术等。大量的研究文献说明，人力资本水平及其质量对于经济增长和贫困减少的不可或缺性：在其他条件相同的情况下，人力资本水平越高，经济增长和贫困减少的幅度越大。基础教育、工作经验和职业教育是人力资本的核心要素。Fan 等(2002)的实证分析发现,在灌溉、科技、教育、道路、电信、电力这六项财政支出中,教育投资对 GDP 增长和贫困减少的贡献居首位。此外,Autor 等(2003)、王海港等(2009)、章元等(2012)也支持基础教育是人力资本核心要素的观点。基础教育提升了受教育者的知识水平和文化素养,这些将转化成其工作技能。而且,由于贫困的代际相传性以及教育机会较低的时际替代性,根据生命周期理论,需要确保适龄儿童的受教育机会。

三是在贫困地区加强食物供给和医疗卫生投入,增强贫困群体的营养水平、改善贫困群体的健康状况。以食物供给增加和营养水平提高为内容的健康人力资本(health human capital)在经济发展以及减贫中的重要性日益得到关注(Van and Muysken,2001),也是中国减贫实践中最具成效的:自"三年经济困难时期"后,中国基本没有发生饥荒危机,贫困地区基本实现温饱,死亡率持续下降、人均寿命普遍提高、社会平均身高和体重都有所增加,个体劳动强度增强、社会生产力提高。王弟海(2012)拓展了拉姆齐增长模型,发现健康人力资本在外生技术进步条件下可扩大经济增长率;由于健康人力资本导致的多重经济均衡,被援助国家需要改善健康人力资本以走出"贫困陷阱"(poverty trap)。另外,医疗卫生水平的提升,提高了疾病的治愈率,个体劳动时间延长:中国 1998 年的国家卫生服务调查数据显示,如果仅以收入测算农村的贫困率是 7.22%,若用现金支付医疗支出,贫困比例将提高 3 个百分点以上。程名望等(2014)基于 2003~2010 年全国农村固定观察点的微观住户数据,发现健康与教育(包括基础教育和职业教育)所体现的人力资本能够显著影响农户收入水平;同时,健康对缩小农村收入差距的作用比教育更显著。

四是在贫困地区投资兴建企业。除中国政府通过预算分配进行直接公共投资、支持农村发展的主要方式外,国有企业在贫困地区兴建工厂是一种财政支出减贫的间接方式。根据"八七扶贫攻坚计划",为利于国家贫困县发展生产,国家给予一定的税收政策和产业政策,如新办企业的企业所得税三年内先征后返或部分返还;贫困县政府征收的资源税全部自留,不再参与分成;特定产业发展可享受扶贫贴息贷款;开办工厂和企业是贫困地区的"造血机制",不仅直接带动当地就业、推动经济增长,也可增强企业雇员的人力资本水平和生产能力。考虑到贫困地区资源禀赋的特殊性,种养业扶贫投入的促进作用优于加工业、工业和其他方面的扶贫投入(刘冬梅,2001)。

(二)个体途径

将扶贫对象从县、乡一级聚焦到村、农户,是中国新时期扶贫政策的一大变化。政府通过多种公共财政支出手段,包括所得税、转移支付、社会保障、直接补贴、扶贫贴息贷款等，对符合条件的贫困群体予以支持。这种支出始于20世纪90年代全球反贫困政策理念的变化，它包含了三个相互关联的内容：一是注重对人力资本的投资；二是根据生命不同阶段的需要进行干预，即生命周期理论；三是重视贫困的预防，即社会风险管理理论(徐月宾，等，2007)。直接用于贫困户的财政支出，能直接增加贫困群体的收入，使他们能够维持基本的生活水平。例如，Park等(2000)利用中国县级数据研究发现，1985～1992年扶贫投入使人均收入每年增加2.28%，1992～1995年人均收入增加0.91%。尽管有研究批评其未将所有扶贫公共支出计算在内、夸大了扶贫项目影响(World Bank，2001)，但可见财政支出减贫对受益贫困群体收入增长的直接效应。

同时，多种财政支出的减贫手段也能均衡收入分配机制、提高贫困群体幸福感的主观评价。比如，2009年9月全国范围内开始有序推进新型农村社会养老保险(简称"新农保")，这是新时期社会养老保险体系建设的一项重大举措。张川川等(2014)的实证分析表明，"新农保"养老金收入显著提高了农村老年人的收入水平和主观福利[1]，而且健康状况较差的老年人受益性更显著。此外，徐月宾等(2007)一项2004年在中西部5省市实施的农村住户抽样调查显示，当前农村致贫因素中的两个最显著的因素是残疾患病和缺少劳动力，因此今后农村反贫困政策需要从事后救助向针对风险和人群的预防性社会保障制度转变。

二、福利效应的滴落机制

经济增长是减少贫困、提升福利最重要的决定因素之一。大量以跨国数据为基础的研究证明，经济增长或收入水平与贫困存在负相关关系。例如，世界银行的跨国研究表明，经济增长或经济倒退对贫困发生率有显著效应：GDP年均增长率达到约8%的国家，其贫困率年均减少速度超过6%；GDP年均增长率约−6%的国家，贫困率年均增加速度超过10%(World Bank，2001)。Dollar and Kraay(2002)也证明经济增长会给包括穷人在内的所有人都带来好处。这就是"滴落机制"(trickle-down mechanism)发挥的作用。"滴落机制"是20世纪80年代以国际货币基金组织、世界银行机构等推行的主流经济发展理念，认为经济增长带来的经济利益会自动滴落到社会各阶层，让社会各阶层增加收入，从而消除贫困。

然而，经济增长并不必然带来减贫效应和福利提升。Kakwani and Pernia

①主观福利分别用反映抑郁程度的抑郁指数和生活状况满意度两个变量来表示，见张川川等(2014)。

(2000)研究发现，虽然经济增长是减少贫困的一个非常重要的因素，但在众多影响因素中，它并不是影响最大的。只有当经济增长是"益贫式经济增长"(pro-poor growth)[①]时，才能发挥消除贫困、提升福利的作用。经济增长并不会自发地有利于穷人，经济增长仅仅是减少贫困的必要而非充分条件，穷人要想从经济增长的"滴落机制"中分享到好处依赖于一系列条件。例如，Bhalla(2001)认为，由于经济增长(收入增长)在减少贫困中具有决定性作用，所以实现减贫须创造一个利于经济增长的环境。

伴随经济增长过程的收入分配结构在益贫式经济增长的减贫效应和福利效应中发挥着至关重要的作用(Kakwani and Pernia, 2000; Balisacan and Nobuhiko, 2003; Huang, et al., 2008)。收入分配格局意味着社会各群体在获取市场进入和基本公共服务等方面的机会，其中一个方面是额外的经济增长收益在穷人和非穷人间分配。当收入分配格局相对均等时，各群体在获取机会上也相对均衡，甚至贫困群体能获取更大的劳动边际报酬，贫困群体能够充分共享经济增长成果；当收入分配格局差距扩大，贫困群体被排斥在市场门槛之外、基本公共服务缺失，从而贫困群体的劳动回报率下降、贫困水平恶化。收入差距扩大引致贫困增加、福利下降不仅仅在理论上得到支持，在中国的反贫实践中也得到证实。陈立中(2009)以1980～2005年中国农村的数据实证分析表明，当基尼系数相同时，人均收入水平越高，收入增长带来的减贫效应越强；当收入水平相同时，基尼系数越大即收入分配越不平等，减贫能力越弱。陈飞和卢建词(2014)使用中国健康与营养调查(China Health and nutrition survey, CHNS)中1991～2009年农村家庭数据发现，收入增长使得贫困人口比例下降，但分配不公平降低了减贫速度，并导致低收入群体的收入份额不断萎缩。

三、福利效应的传导机制

随着福利理论从效用论向可行能力论的演进(详细的福利概念见第六章)，参加扶贫项目的贫困农户能否主动参与、提升自身能力是实现福利效应的关键因素。张伟宾和汪三贵(2013)总结出贫困农户参加扶贫项目、分享经济增长机会和能力的三个机制——"生产能力""市场参与"和"缓解脆弱性"。生产能力的提升，不仅仅包括张伟宾和汪三贵(2013)所概括的种植业、养殖业等项目，还应包括贫困地区的基础设施建设、农业生产条件改进和农户自身人力资

---

① 关于益贫式经济增长，主流观点认为当贫困人群的收入是相对增长时，即其收入增长速度快于社会平均收入增长，才是益贫式；但世界银行陈少华等学者放宽了益贫式增长的范畴，认为贫困人群的收入出现绝对增长就是益贫式增长。

本(教育人力资本和健康人力资本)的提升。市场参与则是促进农户参与市场机制，如扶持地方项目的产业化发展、放开小额信贷项目等。缓解脆弱性则是通过补贴、补助、社会保障体系等构建农户生产生活的安全网，保障其基本生产生活需求。

　　农户是否主动参与扶贫开发项目，将会直接影响减贫的福利效应。一个案例是云南、贵州的旅游业发展比较。旅游业是劳动密集型产业，不仅使当地居民有机会向国内外的游客销售商品和服务，而且能够促进当地就业、实现经济的多样化发展。同时，旅游业是资源禀赋型产业，其依赖的自然地理条件和文化遗产资源也多为贫困的偏远地区所拥有，是吸引游客纷至沓来的关键因素。相对于资本密集型产业而言，旅游业是低成本投入产业，具有较高的性价比。然而，旅游产业与减贫之间的关联并不是必然的，这取决于旅游开发过程中是否允许贫困群体的参与。倘若旅游开发者将当地贫困群体排除在外，便会削减旅游业对减贫的贡献。因此，旅游业的规模、布局和结构这三个要素对于旅游开发减贫及当地居民福利提升而言至关重要。中国的"七五计划"(1985~1990)将旅游作为经济开发的工具，但在云南和贵州的实践中，尽管两省政府都将旅游业作为本省整体发展战略的一部分，但由于旅游景点分布和结构等发展策略上的差异，两省旅游业对本省经济发展模式和减贫的影响不同。根据世界银行的数据，1991年的贵州人均GDP在大陆30个省中排名第28(当时重庆尚未成为直辖市)，59%的人口生活在国际贫困线水平之下。1991~1996年，贵州经济发展缓慢，六年间经济增长水平排名第29位；但是，贵州在减贫绩效上排名第3位，1996年时贫困率下降了31个百分点为28%。同期，云南1991年的人均GDP在30个省市自治区中排第25位，44%的人口生活在国际贫困线水平之下、减贫绩效上排名第23位。虽然云南的GDP增长率在1991~1996年排名第13位，但是其贫困率依然是第29位(World Bank，2001)。云南省旅游业较快地促进了当地经济快速增长，但未能通过农村的工业化来减少农村贫困人口；相反，贵州相对小规模的旅游工业化虽然没有给经济增长带来显著贡献，但在贫困地区的广泛分布，使得贫困人口直接参与从而带来显著的减贫效应和福利效应(Donaldson，2007)。

第五章 财政支出减贫的收入效应研究
——基于中国农村地区的实证分析

第一节 农村贫困与财政资源分配

消除贫困始终是发展中国家的首要任务，也是联合国千年发展目标之一。中国在减贫方面取得了令人瞩目的成就，不仅解决了上亿人的温饱问题，还为世界减贫事业做出了卓越的贡献，为发展中国家实现转型发展和减少贫困提供了许多可复制、可借鉴的经验和模式。中国的减贫工作之所以能够成功，一方面有赖于经济的持续快速增长，另一方面也与中国政府主导型的扶贫开发战略密不可分，通过政府财政减贫支出等"外部性输血支援"手段，强化贫困地区"内生性自主造血"功能，在解决农村贫困人口温饱问题的同时，农村贫困地区的医疗、卫生和教育水平也得到显著改善，通过向中西部地区产业转移建立了以"工促农、以城带乡"的长效机制，实现了部分地区的脱贫致富。

按照世界银行每天 1.9 美元（2011 年购买力平价）的国际贫困线标准，1988 年中国贫困人口占比约为 88%，到 2012 年这一比例降至 6.5%，在过去的 30 年中，中国的贫困人口减少了 7.9 亿人，占整个发展中国家减贫人数的 70%，中国为全球减贫做出了极大的贡献。然而，中国的减贫事业仍然任重道远，甚至在某些方面可能更为艰巨。据估计，中国的贫困人口人数在世界上仍排名第三，2015 年世界贫困人口中约有 7% 居住在中国[1]。按照每人每年 2300元（2010 年不变价）的农村扶贫标准计算，2015 年我国仍有 5575 万农村人口生活在贫困线以下[2]。需要特别指出的是，随着贫困人口的快速减少，剩余贫困人口的居住较之前更加分散，大多居住在偏远和交通不便的地区。在剩余的贫困人口中，农村居民占比极高，且广泛分布在中西部省份。尽管人口迁移和城镇化进程在一定程度上缓解了贫困发生，但是许多剩余贫困人口依然缺乏迁移能力，农村扶贫工作任重道远。

---

①世行中国局局长郝福满：《中国减贫纪录无与伦比》，http://www.china.com.cn/news/txt/2015－10/16/content_36826895_2.htm

②《2015 年国民经济和社会发展统计公报》，http://www.gov.cn/xinwen/2016－02/29/content_5047274.htm

一直以来，财政支出在推动亲贫式经济增长[①]方面发挥着十分重要的作用，它不仅可以为广大贫困人口提供必要的公共服务，而且可以通过各种社会保障方式直接增加贫困人口收入。然而，财政资源是有限的，它们的竞争性使用产生了巨大的机会成本。而且，财政支出在推动经济增长和减少贫困等方面发挥的作用因时因地因人而异，其会受到一国经济发展阶段、经济社会条件和政府治理水平的影响(Fan，2008)。因此，政府需要在公共资源的分配上形成明确的战略，使得他们在追求经济增长和减少贫困的过程中更加有效地管理和分配公共支出。立足于当前的发展阶段，中国仍然需要广泛基础的增长(broad-based growth)，这需要将政府支出更多地投向能够为多数贫困人口带来收入的经济部门。对于广大的农村贫困人口而言，农业生产收入仍是他们的唯一生活来源，因此财政支出向农业生产、研究和农村基础设施倾斜成为必然选择。

要推动我国扶贫事业继续向前发展，必须对国家扶贫资金投入进行科学合理的评估，不仅要从总量上继续加大扶贫资金投入力度，还要关注资金投入结构，从而为相关部门在全面建设小康攻坚阶段制定扶贫政策提供政策依据。为此，我们将在本章中对财政支出减贫绩效进行分析。研究以我国 29 个省区农村贫困人口为对象，聚焦新时期初期我国财政支农惠农助农资金使用情况，从资金投入总量和结构的角度科学评价各类资金的使用绩效，探析国家扶贫资金使用中存在的问题。

第二节　收入效应的理论分析

长期以来，许多学者一直关注政府扶贫投入和地区贫困之间的关系，其中古典经济理论在贫困问题方面的研究最具代表性。但是，现有理论仍未能对此问题给出明确的回答。贫困问题的出现说明，仅靠市场的力量无法解决贫困等"市场失灵"现象，政府如何弥补市场在此方面的不足成为各经济学派研究的重要领域。然而，即便是对政府干预市场的效果，学者们也存在一定分歧，部分研究人员认为无论是增加财政支出规模还是调整支出结构都无益于减贫工作。当然，主流意见认为财政支出的积极效果远大于政府毫不作为，并且财政减贫的绩效可以通过直接和间接的途径予以体现。

Fan 等(2002)使用了 20 世纪 70~90 年代末的统计数据，构建了联立方程

[①]Ravallion. Martin 于 1994 年提出亲贫式经济增长理论，之后关于"亲贫式经济增长"争议颇多，但归纳总结认为亲贫式经济增长意味着贫困人口能够参与到经济活动中来，并从经济增长中得到更多的好处。

模型，分析了中国财政支出通过不同渠道影响减贫的效果，农业科技费用、农村教育和农村基础设施支出在推动农业发展的同时，极大地缓解了农村贫困发生率，但是这种财政支出减贫效果在地区间存在较大的差异。Park and Wang (2010)利用2001~2004年中国贫困县村级单位和家庭调查数据，研究了扶贫政策的效果，发现扶贫政策对不同收入水平的家庭产生差异化影响，对于收入水平相对较高的家庭，扶贫投入分别对其收入和消费提高6.1%和9.2%，对相对低收入家庭的影响并不显著。汪三贵等(2004)较早地关注到扶贫资金投入绩效问题，使用统计数据分析扶贫投资的产出效果和贫困户的实际需求，对扶贫资金的投向和管理提出了一些有价值的政策建议。刘冬梅(2001)建立生产函数模型，对1990~1997年国家592个贫困县的扶贫资金投入效率进行了分析，发现扶贫资金投入能够明显改善贫困地区的落后局面。帅传敏等(2008)将扶贫资金分类，比较分析了不同类别资金在贫困县的投入绩效。姜爱华(2007)从行政绩效、经济绩效和社会绩效三个方面对扶贫资金的使用绩效进行了描述性分析。林伯强(2005)的研究发现，以教育、研发和基建为代表的生产增进型公共投资促进了农业产出增长，缓解了农村贫困和不平等问题。李永友和沈坤荣(2007)发现，偏向低收入群体的财政支出结构安排有利于降低社会的相对贫困水平。从已有研究来看，学者们普遍认为财政支出的减贫效果不是必然存在的，财政资源无法自动惠及贫困人口，甚至在一定情况下，财政资源不合理配置会降低整个社会的福利。这其中最典型的就是，"争当贫困县"的情况，即使许多县市已经摆脱贫困落后的状态，但仍不愿放弃贫困县的帽子，实际上与"会哭的孩子有奶吃"无异。

针对我国的贫困问题，中央和地方政府会加大对特定贫困地区的投入，帮助其解决贫困落后的生产生活状况，促进国民经济协调发展。各类资源的流入会对贫困县原有的经济增长模式和路径产生冲击，从而改变当地贫困落后的局面。归纳起来，政府扶贫投入可以通过多种机制影响农村贫困问题。首先，扶贫投入会增加农业生产力进而带动农民收入增长，降低贫困水平。同时，农业生产力的提高还会促进农村地区的工资水平和就业数量，创造更多的非农就业机会，为农民进城务工或到其他更加富裕的农村地区工作创造条件。由于农村地区的贫困户大多是粮食净买入的群体，扶贫投入引致的农业产出增长会降低农产品价格，从而直接帮助那些低收入人群。其次，扶贫资金投入到农村基础设施建设中，可以为当地提供临时性就业岗位，增加农村劳动者收入；同时，基础设施的修建还为当地招商引资、吸引产业落户提供了优势和便利，为产业发展创造了条件。

然而，在现实中也暴露出一些资金管理中存在的问题。首先，由于扶贫资金来源广泛，资金管理部门繁多，具有典型的多层级、多线条特点，在权责分离的情况下，容易产生扶贫资金的低效率使用。以财政贴息贷款为例，本应由农业银行与财政部门协同管理。然而，以利润最大化为目标的农业银行在负责项目审定、资金发放中，更多地从短期资金安全和盈利的角度进行评估，而财政部门负责的项目立项和规划则更多是基于长远考虑，因此，这种分工协作方式可能会导致资金发放和资金实际需求产生不一致。其次，在资金使用和管理中常常存在资金挪用问题。长期以来以贫困县为靶向的扶贫政策在资金安排使用上暴露出越来越多的弊端。由于地方政府承担着推动本地经济增长的任务，在以 GDP 论英雄的政绩考核下，难以对扶贫资金的来源和使用进行有效监督，特别是地方政府财力有限，无法拿出足够的资金用于扶贫。由于农村扶贫涉及部门多，基层组织系统庞大，而且缺乏有效的监督机制以及扶贫资源短缺，导致扶贫资金使用效率逐渐下降，扶贫项目暴露出的问题较为严重（蔡昉，等2000；李小云，等，2007）。再次，由于扶贫资金绩效评价体系不健全，监督机制尚不成熟，导致扶贫资金无法发挥最优效果。根据《财政专项扶贫资金管理办法》，资金分配主要受政策和客观因素的影响，包括贫困发生率、扶贫规模、地方人均财政收入、农村人均纯收入、贫困深度等。但是并未将扶贫资金投入与扶贫工作好坏、扶贫效果相结合，尽管国家也出台过一些扶贫资金监管办法，但是从权责划分上，容易出现监管主体既是运动员也是裁判员的问题。因此，在监督机制上还存在较大的缺陷。

综上所述，尽管我国政府一直十分重视农村贫困问题，投入了大量的资金和资源用于扶贫开发，但是，由于缺乏有效的监管和责任划分，导致资金来源的多头管理和权责不分等问题，进而产生扶贫资金使用效率低下等问题。因此，亟须在评估各项扶贫资金使用效率的基础上，对资金管理和监督提出相应的政策建议。

第三节　收入效应的实证分析

一、模型建立与数据来源

（一）模型建立

借鉴已有研究成果，我们使用一个简单的函数形式表示不同类型财政支出同农村贫困之间的关系。

假定农村贫困水平取决于财政支出的各要素，那么我们就有

$$pov = f(x_1, x_2, \cdots, x_n) \tag{5-1}$$

其中，$x_1, x_2, \cdots x_n$ 分别表示财政支出的各个组成部分。政府部门可以通过调

节不同财政类别的规模和相对比重，达到影响农村贫困水平的目的。鉴于研究需要和实证方便，本书在此基础上，构造了两个线性计量模型用以对相关数据进行回归分析。

$$pov_{it} = \alpha + \beta_1 \ln egov_{it} + \beta_2 \ln sgov_{it} + \beta_i \mu_{it} + \varepsilon_{it} \qquad (5\text{-}2)$$

$$pov_{it} = \alpha + \beta_1 \ln ngov_{it} + \beta_2 \ln fgov_{it} + \beta_3 \ln tgov_{it}$$
$$+ \beta_4 \ln dgov_{it} + \beta_5 \ln hgov_{it} + \beta_6 \mu_{it} + \varepsilon_{it} \qquad (5\text{-}3)$$

其中，下标 i 表示省份，t 表示时间；$egov_{it}$ 代表经济性支出规模，$sgov_{it}$ 表示社会性支出规模，$ngov_{it}$ 表示支农生产支出，$fgov_{it}$ 表示基本建设支出，$tgov_{it}$ 表示科技三项费，$dgov_{it}$ 表示财政教育经费支出，$hgov_{it}$ 表示社会救助费；μ_{it} 是控制变量，在回归中使用人均农业产出和第一产业从业人员数量两个变量。$\beta_1, \beta_2, \cdots \beta_6$ 为待估计参数，α 为常熟项，ε_{it} 为残差项；β_i 为待估计参数。为了更好地使用已有数据，我们选取面板数据模型，对不同类型财政支出减贫效应进行回归分析。对于面板模型到底是选择固定效应还是随机效应，我们将用 Hausman 检验进行判断。

(二)数据来源

由于涉及西藏自治区和海南省的统计数据存在缺失问题，为保持统计口径的一致性，本章将上述两个样本予以剔除，因此，后续的回归分析是以我国大陆 29 个省级地区为研究对象。本章使用的主要数据来自于历年《国家统计年鉴》《中国农村统计年鉴》《中国教育经费统计年鉴》《中国财政年鉴》，以及各省市"统计年鉴"。由于笔者无法得到准确的各地区贫困发生率数据，因此本书尝试用一种间接的方法代替表示各地区农村的贫困问题，我们选用纯收入分组中最低 20% 人口的收入与当地平均收入的比值，表示不同地区贫困的严重程度。为了剔除价格变化对相关变量可能产生的影响，我们以 1999 年作为基期，用各省区居民消费价格指数(consumer price index，CPI)对相关变量进行平减处理。

在我国中西部部分省区，农业产出占地区经济的比例依然较高，许多劳动力资源从事农业生产。许多农村贫困人口主要依靠农业生产维持家庭的基本生存，农业可持续发展也成为破解农村贫困的重要一环。因此，用于"三农"事业的财政支出也成为各级政府促进农业发展、减少贫困的最主要手段。如图 5-1 所示，1985~2012 年，我国财政支农总额呈现了快速增长的发展态势，这主要是经济高速发展带来政府财力的提升。但是，从财政支农总额占全部财政支出比例看，除在 21 世纪初期略有下降外，基本保持在 8%~10% 的区间。同期，我国农村人口数量下降约 1.65 亿人，人均财政支农支出快速上升；从财政支农支出与农业总产出的比值看，我国财政支农支出也呈现快速增长的态势，由 1985 年的 6.0% 提高到 2010 年的 23.7%，已经接近发达国家水平，并显著高于非洲和拉丁美洲的发展中国家。这说明，我国政府一直十分重视"三农"事业发展，并通过大量财政资源的投放，助力农业发展。

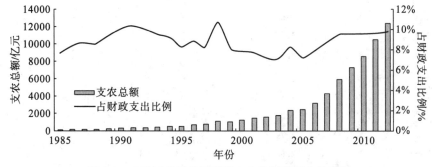

图 5-1　改革开放后我国财政支农总额及其占比情况

从财政支出结构来看，经济性财政支出可以划分为支持农业生产支出、基本建设支出和科技三项费用，均与农业生产息息相关。一直以来，"要想富，先修路"是各级政府寻求破解农村发展瓶颈的重要手段，交通等基础设施不足的问题一直制约着我国农村地区的发展。特别是边远落后的农村贫困地区，在地理上与周边城镇的隔绝是造成其贫困问题始终难以解决的主要问题。基本建设支出主要包括改善农业生产和农村发展的基础设施投入，对提高农业生产效率，改善农村生活条件，提高农产品销售均发挥着十分重要的作用，甚至在一定程度上，农村基础设施是农业可持续发展的基石。如表 5-1 所示，在 20 世纪 80 年代末到 90 年代初，农村基础设施支出占我国财政支出的比例不断提高，在经历了短暂的下滑后，受亚洲金融危机后刺激政策惠及，补齐农村基建短板成为财政刺激政策的主要发力点。

表 5-1　我国财政支农支出相对结构

年份	占财政支出比例			占农业产出比例		
	支持农业生产支出/%	基本建设支出/%	科技三项费用/%	支持农业生产支出/%	基本建设支出/%	科技三项费用/%
1985	5.06	1.89	0.10	3.94	1.47	0.08
1986	5.67	2.00	0.12	4.46	1.57	0.10
1987	5.97	2.08	0.10	4.15	1.45	0.07
1988	6.37	1.59	0.10	4.11	1.03	0.06
1989	6.97	1.79	0.09	4.62	1.19	0.06
1990	7.21	2.17	0.10	4.38	1.32	0.06
1991	7.22	2.24	0.09	4.56	1.41	0.05

年份	占财政支出比例			占农业产出比例		
	支持农业生产支出/%	基本建设支出/%	科技三项费用/%	支持农业生产支出/%	基本建设支出/%	科技三项费用/%
1992	7.15	2.26	0.08	4.59	1.45	0.05
1993	6.97	2.05	0.06	4.64	1.36	0.04
1994	6.90	1.85	0.05	4.18	1.12	0.03
1995	6.21	1.59	0.04	3.54	0.91	0.02
1996	6.41	1.78	0.06	3.64	1.01	0.03
1997	6.07	1.73	0.06	3.88	1.11	0.04
1998	5.80	4.27	0.08	4.22	3.11	0.06
1999	5.12	2.70	0.07	4.59	2.42	0.06
2000	4.86	2.63	0.06	5.13	2.77	0.06
2001	4.85	2.54	0.05	5.82	3.05	0.07
2002	5.02	1.93	0.05	6.67	2.56	0.06
2003	4.59	2.13	0.05	6.53	3.03	0.07
2004	5.94	1.90	0.05	7.91	2.53	0.07
2005	5.27	1.51	0.06	7.99	2.29	0.09
2006	5.38	1.26	0.05	8.99	2.10	0.09

　　农业科技水平是决定农产品国际竞争力的主要力量，在财政支出中，国家为支持农业科技事业发展，国家财政向高校和科研院所拨付研究经费，支持农业现代化发展，主要包括为支持科技事业发展而设立的新产品试制费、中间试验费和重大科研项目补助费。然而，尽管科技三项经费支出一直保持逐年增加的态势，但是其占财政支出和农业产出的比例一直保持在极低的水平，特别是近年来两个占比均低于0.1%，显示了国家财政支出对农业科技支持力度不足，这与发达国家2%~3%数值差距明显，极大地制约了我国农业产出和减贫工作的可持续性。

　　从社会性财政减贫支出的角度看，可以将其划分为农村教育、医疗和社会救助等项目的支持，受数据限制，农村医疗支出数据不全，在此无法对变化趋势进行分析。从我国农村教育的基本格局看，小学教育和初中教育是当前农村教育的主体。特别是随着义务教育在农村地区的推广，提高农村贫困家庭子女的入学率，加大对他们的补贴力度，从而增强下一代通过自力更生解决贫困问题，具有重要意义。农村社会救助主要是为保障农村居民基本生活和生产权利，而对贫困居民进行的物质补助。一直以来，我国农村社会救助规模不大，占财政支出的比例维持在6%上下。但是，由于农业生产的弱质性和农业收入是贫困家庭的主要收入，在我国农村社会保障体系尚未完全建立的情况下，农村社会救助发挥着较为重要的作用，在一定程度上保障了贫困农民的基本生活水平。由于社会救助属于输血性扶贫投入，尽管其能在较短的时间内发挥立竿见影的效果，但是这种财政支出并不能持久性地改变贫困农民获取收入能力低的局面。特别是在考虑到农村科技三项费用长期维持在较低水平上，而农村救助资金规模较高的现实，这更加凸显了当前农村财政扶贫支持结构的不合理，说明财政支出减贫绩效存在提升空间。

二、实证分析

从表 5-2 的三个回归模型结果可以看出，模型的拟合效果较好，相关系数符号基本符合预期。模型(a)只考虑了经济支出对贫困的影响，模型(b)只考虑了社会支出对贫困的影响。从估计结果看，经济支出和社会支出对贫困的影响都是正面积极的，这说明提高经济支出和社会支出有助于消除贫困。具体来看，经济性财政支出的减贫效果最为明显。在控制农业产出和劳动力投入两个变量的情况下，经济支出每增长 1 个百分点，将会使贫困水平下降 0.062。这反映在当前我国农村所处的发展阶段，为贫困农民带来了看得见、摸得着的收益，特别是一些能在短期内发挥作用的财政支出对减贫工作起到更大的作用。同样在只考虑社会性财政支出的情况下，其对减贫的作用效果为 -0.049。在本书中，社会性财政支出包括教育财政支出和社会救助支出两部分。因此，社会性财政支出能给贫困人口带来人力资本的提高，增加贫困人口获得受教育的机会和能力。同时，以实物和现金形式进行的社会救助，直接提高了贫困人口的短期收入，改善了农村内部的贫富差距。由此可见，从总体上看，经济性财政支出和社会性财政支出都会对减贫产生积极作用，降低贫困人口收入与平均收入之间的差距，在帮助农民摆脱贫困的同时，缩小了社会收入差距。此外，农业产出水平和劳动力投入两个变量也都对减贫起到了正面作用，这说明更快的农业增长和更多地在农村使用劳动力资源会帮助贫困人口获得更加稳定和多样化的收入来源，起到减贫的目的。

表 5-2 经济性财政支出和社会性财政支出的估计结果

贫困水平	模型(a)	模型(b)	模型(c)
常数项	3.06 ** (2.32)	1.75 *** (6.18)	1.93 *** (8.73)
经济支出	-0.062 *** (5.87)		-0.037 *** (4.33)
社会支出		-0.049 *** (6.52)	-0.024 *** (6.16)
农业产出	-0.096 ** (2.58)	-0.116 *** (3.50)	-0.085 *** (6.78)
劳动力投入	-0.135 *** (9.17)	-0.073 *** (11.34)	-0.062 *** (4.96)
Hausman 检验	0.064	0.003	0.000

贫困水平	模型(a)	模型(b)	模型(c)
估计方法	固定效应	固定效应	固定效应
R^2	0.83	0.78	0.82

注：括号内为估计系数所对应的 t 统计值，*** 表示在 1% 的水平下显著，** 表示在 5% 的水平下显著，* 表示在 10% 的水平下显著

为了进一步分析经济性财政支出结构和社会性财政支出结构对农村贫困的影响，我们将两类财政支出的子项目进行分拆，并讨论不同子项支出的影响效应。如表 5-3 所示，模型(d)是经济性财政支出三个子项目对贫困的回归结果，可以发现在经济性支出总体上起到减贫效果的同时，内部子项目存在一定的差异化特点。其中，支持农业生产减贫效应最大，基本建设支出的效果次之，科技三项经费支出的影响并不显著。从支持农业生产支出包含的内容看，其主要是围绕提高农业生产、减灾防灾和支持农业产业化发展等内容进行的财政支出，解决的是农业产出和生产率提高的问题；农业基本建设则是为扩大农业再生产进行的固定资产投资，如农田基本建设工程、水利灌溉和道路交通建设；科技三项费用是国家为支持科技事业发展而设立的新产品试制费、中间试验费和重大科研项目补助费。从三者的内容可以清晰地看出，提高产出水平的一系列政策所发挥的作用最明显，摆在减贫面前的首要问题是做大产量，其次才是将产量市场化的问题。我国许多农村贫困地区地处偏远，自然和交通条件恶劣，农村固定资产投资依然有较大的潜力，加大基本建设支持是将发展成果惠及贫困农民的重要手段。值得深思的是，科技三项经费支出的减贫作用并不显著，这主要是与科技三项经费支出长期投入不足，占比偏低有关，各级政策需要在这一方面加大投入力度。

表 5-3　经济性支出结构和社会性支出结构的估计结果

贫困水平	模型(d)	模型(e)	模型(f)
常数项	2.58 *** (6.27)	1.89 *** (4.89)	2.14 *** (9.36)
支持农业生产支出	−0.052 ** (3.11)		−0.067 *** (4.27)
基本建设	−0.037 *** (7.23)		−0.054 *** (7.13)
科技三项经费	−0.055 (0.78)		−0.029 * (3.12)
教育经费支出		−0.076 *** (5.31)	−0.046 *** (8.73)
社会救助支出		−0.258 *** (6.18)	−0.035 *** (4.79)
农业产出	−0.036 *** (4.17)	−0.043 *** (4.96)	−0.026 ** (3.78)
劳动力投入	−0.207 ** (3.25)	−0.012 *** (5.66)	0.062 (0.71)
Hausman 检验	0.001	0.000	0.005
估计方法	固定效应	固定效应	固定效应
R^2	0.79	0.85	0.82

从模型(e)社会性财政支出的构成看，农村教育支出和社会救助支出是模型中的两个主要解释变量。回归结果显示，两个子项支出的减贫效果均是正向，农村教育支出的减贫效应大于社会救助。这是因为，社会救助支出尽管在短期内减贫效果最为明显，但是一旦社会救助支出减少，并且在贫困人口获取收入的能力没有改变的情况下，简单的社会救助无法持续地实现减贫目标。从社会救助的目标对象看，主要是贫困人口中生活特别困难的群体接受帮助，在生存压力下，这些物质资助几乎全部用于消费，很难留存用于人力资本的再投资等其他用途，因此无法实现贫困人口生存能力的有效改善。当然，这并不意味着社会救助支出可有可无。实际上，对于那些生活极端贫困的家庭而言，很难在短时期内扭转他们的贫困状态，只能在通过社会救助解决基本生存困难的基础上，逐步通过其他手段帮助贫困人口特别是极端贫困家庭实现自身造血能力。

最后，在模型(f)中，我们将五个财政支出子项目纳入回归方程中，发现各支出项目估计系数均为正，与本章前述模型的结果相同，基本反映了类似的减贫效果。

第四节　本　章　小　结

在本章中，我们通过对 1999～2006 年我国 29 个省级地区面板数据的回归分析，对财政支出的减贫效应问题进行了实证研究。揭示了财政支农、惠农和助农支出在化解农村贫困问题方面发挥的积极作用，并梳理了其与农业发展和农民收入之间的联系。实证研究表明，经济性财政支出和社会性财政支出均对农村减贫产生了正面效果，其中经济性财政支出的效果更加明显。为了进一步研究两种类型财政支出减贫效果的差异化原因，本章将两类支出进一步细化，讨论了各个子项支出的减贫效果。研究发现，在经济性财政支出中，对农业产出帮助最大的支持农业生产支出减贫效果最大，基本建设支出次之，科技三项费用支出效果并不明显。这给我们今后的财政支出方向提出了更高的要求，不仅要注重通过多种手段努力提高农业产出，还要在农业科技上下大力气，加大财政投入力度，引导高校和科研院所在农业生产领域投入更多资源，提高农业产出的科技含量。在社会性财政支出中，我们发现社会救助支出的效果明显弱于教育经费支出。其主要原因在于社会救助是治标之策，教育支出则是治本之策。农村贫困是一项长期性的难题，而且容易出现脱贫后重新返贫等诸多问题，如何在解决部分群体生活迫切需要的同时，强化贫困人口的自我造血、自力更生能力才是财政支农、财政扶贫要着重考虑的。

第六章　财政支出减贫的福利效应研究
——基于中国农村贫困群体

　　将福利分析与减贫研究相结合既是顺理成章的，也是近年来贫困研究的重要趋势之一。从 20 世纪开始，世界银行就主导着贫困研究的主流范式，并提出以"贫困线"（poverty lines）——假定存在预定且目标清晰的生活标准的水平线，作为界定贫困人群及贫困水平的衡量标准——个体如果被认为不贫困，则必须达到这一水平线的生活水平。传统的"生存贫困线"是按照生活标准和收入状况制定的。其后，随着福利经济学的兴起，福利水平作为变量逐渐被引入贫困研究中，"贫困是福祉（well-being）被剥夺的现象"（World Bank，2001）。福利水平取代了生活水准，丰富了"贫困"的定义——在一给定社会中，当一个或多个人没有达到依照该社会的标准制定的合理的最低限度的某一经济福利水平时，就称存在着"贫困"。

　　不同于收入效应的实证分析，本章的福利分析是经济学规范研究的重要理论工具。因此本章既是第五章内容的重要补充，也是对中国财政支出减贫效应的综合考量。本章第一节是财政支出减贫的福利效应测度，借鉴 Sen 的功能和能力维度，根据《中国农村贫困监测报告》测算 2002 年以来中国农村的福利效应指数；第二节是福利效应对减贫的利弊分析，一是探讨福利效应对减贫的反馈作用，二是梳理西方福利国家实行社会福利制度过程中存在的诸多问题，并引以为戒。

第一节　财政支出减贫的福利效应测度

一、福利效应的测度方法

1. 数据获取的两种来源

　　在衡量福利的方法上，基于数理指标组合计算仍是最主要的研究方法。依据使用数据来源和研究范围的不同，我们将福利效应的测度方法分为社会调查法和指标体系法。

　　社会调查法围绕微观研究对象的福利效应，通过问卷数据等形式直接获取数据详细测量样本地区居民或某一类群体的社会福利提升情况，涉及心理福利、社会交往、文化活动、工作条件、住所、健康、政治生活等诸多方面。这些具体指标的取舍取决于要研究的问题。例如，高进云等(2007)使用家庭经济收入、社会保障、居住条件、社区生活、环境、心理六个方面来衡量农地城市流转中农户的社会福利；方福前和吕文惠(2009)设计问卷调查获取了中国城镇居民福利水平的信息；叶静怡和刘逸(2011)在一项欠发达地区农户借贷行为的研究中，用生产、收入和消费等表示农户的福利效应；袁方和史清华(2013)利用上海农民实地调查数据及福利分类模型框架，对农民工福利和不平等关系进行了考察。在衡量福利的方法上主要采用数理上的指标组合计算，也有一些研究采用更高深的计量模型(如适应性动态模型、结构方程模型)。

指标体系法所使用的数据并非研究者获取的一手数据，而来自于各种渠道对外发布的统计年鉴；研究范围也是某一地区或国家层面及以上。其中影响最广泛的是联合国开发计划署(The United Nations Developement Programme, UNDP)根据 Sen 的可行能力论建立起来的人类发展指数(human developement index, HDI)，该指数由预期寿命、成人识字率和国民生产总值三项指标组成，其时间序列从 1990 年起，涵盖世界大多数国家。

2. 兼顾功能与能力的可行能力福利函数

随着福利理论的发展，以各类统计指标测度福利效应的方法不再是指标的任意组合，而有着夯实的理论支撑。其中，最为广泛认可的是 Sen 的可行能力论。本章第一部分着重介绍了 Sen 的可行能力论，其核心概念是反映现实生活状况的"功能"与自由实现功能组合的"能力"。功能是福利函数的构建性指标，能力是福利函数的工具性指标：

$$W = f[F(x_i), C(y_i)] \tag{6-1}$$

其中，W 表示总的社会福利函数；$F(x_i)$ 表示功能空间的福利函数；x_i 表示各项功能指标；$C(y_i)$ 则是能力空间的福利函数；y_i 表示各项能力指标。这两个函数以"集合"形式的多维变量映射到社会福利函数中。例如，杨爱婷和宋德勇(2012)基于上述方法测算中国整体社会福利时，将功能和能力分解到收入、消费、健康、教育、社会保障和环境六个方面。该研究填补了国内基于 Sen 的福利思想评估分析中国整体社会福利研究的空白。本书研究中国扶贫重点县福利效应时，借鉴杨爱婷和宋德勇(2012)对功能指标与能力指标的区分，但在具体社会福利指标上有所调整。

二、福利效应的测度指标

1. 福利效应指标

由于福利内涵的多元性和兼容性，能够反映福利内容的指标纷繁，表 6-1 对当前文献中较多涉及的福利指标进行了汇总，大致可分为收入情况、消费情况、生活水平、交通通信、教育文化、医疗卫生、社会保障和生态环境等八个方面。

表 6-1 福利指标一览表

序号	社会福利内容 (一级指标)	指标体系 (二级指标)
1	收入情况	人均纯收入、人均总收入、收入增长速度、基尼系数、收入结构等
2	消费情况	消费支出金额、消费支出结构等
3	生活水平	用水普及率、供气管道长度、燃气普及率等
4	交通通信	每万人拥有道路长度、人均拥有道路面积、每万人拥有公交车辆、电话普及率等
5	教育文化	学龄儿童净入学率、每万人口中在校大学生数、广播综合人口覆盖率、电视综合人口覆盖率等
6	医疗卫生	每万人拥有医院、卫生院病床、每万人拥有医生数、婴儿死亡率、平均预期寿命等
7	社会保障	参加基本养老保险的人数、参加基本医疗保险人数等
8	生态环境	环境污染治理投资总额、环境污染治理投资占 GDP 比例等

注：根据文献自行整理

2. 测度福利效应的指标

本书以中国农村地区财政支出减贫的福利效应为研究对象。数据支持来自国家统计局定期公开出版的《中国农村贫困监测报告》，该报告自 2000 年始至 2011 年终。本书福利效应的测度方法借鉴 Sen 的可行能力论，使用公式(6-1)来衡量，从功能和能力两方面分别构建。所选指标大致从生产水平、生活水平、卫生健康、教育文化、社会保障与市场参与六方面入手，分别选择具有代表性的指标构建我国农村扶贫的社会福利评价体系。具体指标选择和指标解释如表 6-2 所示。关于这些指标的详细数值，见本节第三部分福利水平的改善情况。考虑到物价和通胀因素对贫困群体生活成本的重要影响，表 6-2 中有关收入、投入及支出数据使用农村居民消费价格指数来平减(以 1985 年为 100)。鉴于具体指标数据可得性和时间序列的持续性，仍然有些重要指标被排除在外，如农村最低生活保障制度自 2004 年开始实施，并在其后几年内完成在全国范围内的覆盖。需要说明的是，各评价指标对功能和能力的影响方向不同，因此表 6-2 中括号内的正负号反映其作用方向。虽然不少指标是适度性指标，即该指标不是越高越好或越低越好，但需考虑其在农户贫困阶段所发挥的作用。

表 6-2　扶贫重点县福利效应的指标内容

社会福利	功能指标集合	能力指标集合
生产水平	通电的自然村比例(＋)；人均生产性固定资产原值(＋)	经营总收入与费用支出之比(＋)；扶贫县境内公路里程(＋)；扶贫重点县工业从业人员(＋)；购置生产性固定资产支出(＋)
生活水平	人均纯收入(＋)；人均生活消费支出(＋)；冰箱冰柜拥有量(＋)；人均粮食产量(＋)；人均肉类及其制品(＋)；农村居民住房结构钢筋混凝土占比(＋)；使用自来水的农户比例(＋)	恩格尔系数(－)；摩托车拥有量(＋)；固定电话和移动电话拥有量(＋)；互联网拨号上网用户(＋)
卫生健康	参加新型农村合作医疗的农户比例(＋)；有卫生室的村比例(＋)；扶贫重点县有医院、卫生院床位数(＋)；有合格乡村医生或卫生员的村比例(＋)；医院、卫生院卫生技术人员数(＋)	人均医疗保健消费支出(＋)；扶贫重点县农户健康比例(＋)
教育文化	每百名中小学生获得的专任教师数(＋)；适龄儿童在校率(＋)	劳动力文化程度初中及以上(＋)；接受技术援助(＋)
社会保障	缺粮需要救济的农户比例(－)；收到过救济救灾款物的农户比例(＋)	当年参与扶贫项目的村比例(＋)；户均收到救济救灾款物的金额(＋)
市场参与	外出就业比例(＋)	谷物出售率(＋)；外出务工人均月收入(＋)

数据来源：《中国农村贫困监测报告 2000～2011》，如无特殊交代，表中各指标的统计口径均为国家扶贫重点县。"每百名中小学生获得的专任教师数"为普通中学专任教师数与在校学生人数之比小学专任教师数与在校学生人数之比的和，单位为人/百人

三、福利水平的改善情况

1. 生产水平

生产水平涵盖了基础设施、农业生产条件和工业化水平三个方面。

一是农村贫困地区基础设施建设情况。2002 年，扶贫重点县境内公路里程为 54.4 万千米，到 2010 年达到 96.7 万千米，实现了年均 7.5％的增长。以"四通"（通公路、通电、通电话、接收电视信号）为例，2002～2010 年，扶贫重点县行政村"四通"依次分别增加了 4.1、2、14.6 和 2.5 个百分点；扶贫重点县自然村则分别增加了 15.9、5、40.3、11.7 个百分点（图 6-1）。到 2010 年时行政村"四通"比例都在 98％以上，与全国平均 99％的"四通"比例差距逐渐缩小，反映了扶贫农村基础设施的改善情况。

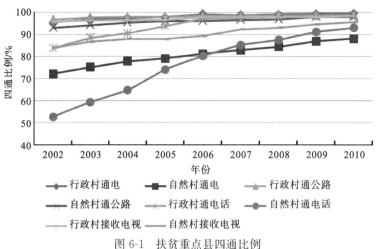

图 6-1　扶贫重点县四通比例

数据来源：历年《中国农村贫困监测报告》

二是农业生产条件的改善。农户年末生产性固定资产原值从 2002 年的
3399.1 元增加到 2010 年的 6450.2 元（现价，不考虑通货膨胀和价格因素），
年均增长 8.3%；汽车、大中型拖拉机、小型手扶拖拉机拥有量年均增长率分
别为 8.3%、3.1%、2.4%（图 6-2）。

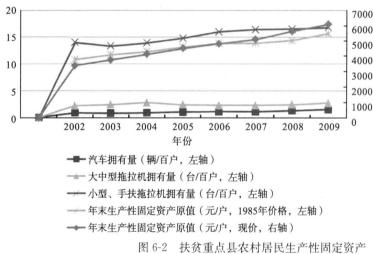

图 6-2　扶贫重点县农村居民生产性固定资产

数据来源：历年《中国农村贫困监测报告》

农户对生产的投资也不断增加，扶贫重点县农户家庭人均生产支出从
2002 年的 488.1 元/户增加到 2010 年的 1203.7 元/户、年均增长 12.0%，其
中约 90% 的支出用于家庭经营（图 6-3）。2002~2010 年重点县农户家庭人均经
营费用支出年均增长 11.8%，2010 年达到 1098.9 元；家庭经营费用支出中用
于第一产业的比例也在 90% 左右，从 2002 年的 403.3 元/人增加到了 2010 年
的 1009.9 元/人、年均增长 12.2%；农户家庭购置生产性固定资产支出从

2002 年的 38.9 元/人增加到 403.5 元/人、年均增长 13.2%。扶贫重点县农作物总播种面积和粮食播种面积不断增加，年均增长 1.4%和 1.6%。经营总收入与费用之比反映了家庭的盈利能力（图 6-4）。2002~2010 年，扶贫重点县农户家庭的盈利能力并未上升，反而有所下降。其中，总收入与费用支出之比从 2002 年的 300.5 下降至 2010 年的 269.4；第一产业收入与费用支出之比从 2002 年的 296.7 下降至 2010 年的 263.9；第二产业收入与费用支出之比从 2002 年的 264.6 下降至 2010 年的 255.6；第三产业收入与费用支出之比从 2002 年的 369 下降至 2010 年的 366.5。

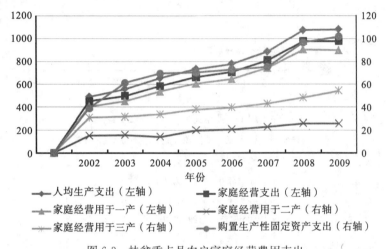

图 6-3　扶贫重点县农户家庭经营费用支出
数据来源：历年《中国农村贫困监测报告》，以上支出均为现价，单位元。
人均生产支出＝家庭经营支出＋购置生产性固定资产支出；家庭经营支出＝家庭经营用于一产＋家庭经营用于二产＋家庭经营用于三产

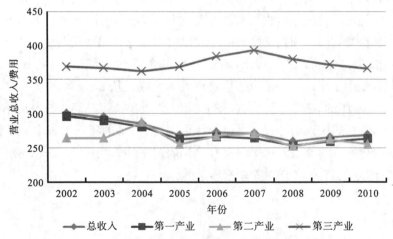

图 6-4　扶贫重点县农户家庭经营总收入与费用之比
数据来源：历年《中国农村贫困监测报告》

　　三是工业化水平。现代经济的发展案例说明，工业化是传统农业经济实现起飞的重要助推器；工业经济的发展，无疑是农村扶贫重点县实现脱贫的造血机制。图 6-5 反映了扶贫重点县工业生产情况，2002~2010 年，规模以上工业企业数平均增长 10.7％，规模以上工业总产值按可比价计算年均增长 31.8％，工业从业人员年均增长 7.6％，产品销售收入可比价计算年均增长 32.0％。

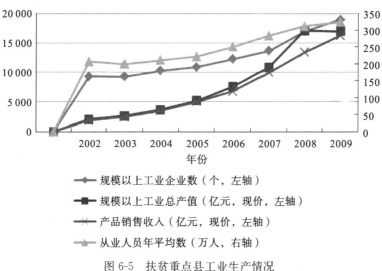

图 6-5　扶贫重点县工业生产情况
数据来源：历年《中国农村贫困监测报告》

2. 生活水平

　　在扶贫地区生产水平大幅提升的背景下，农村生活水平也有了极大改善，表现在收入、消费支出、耐用品消费、农牧产品产量、居住条件等方面。

　　一是纯收入情况。纯收入为总收入减去家庭经营费用支出、生产用固定资产折旧、税费支出、调查补贴和赠送农村内部亲友支出后所得[1]。贫困户人均纯收入从 2002 年的 813 元/人增加到 2010 年的 2003 元/人，按可比较计算实现年均 8.5％的增长；扶贫重点县农户人均纯收入从 2002 年的 1305.2 元/人增加到 2010 年的 3272.8 元/人，按可比价计算实现年均 8.8％的增长(图 6-6)。同期全国农村居民人均纯收入可比价计算实现 8.1％的年均增长率。尽管扶贫重点县农户的人均纯收入水平保持在全国农户平均人均纯收入一半的水平上，但从时间趋势上看二者绝对差距有所扩散。

---

①国家统计局住户调查办公室. 2012. 中国农村贫困监测报告 2011. 北京：中国统计出版社：373.

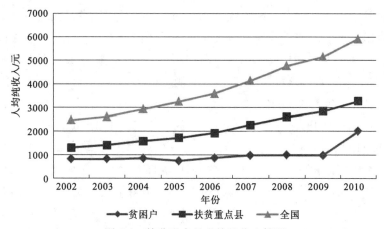

图 6-6　扶贫重点县人均纯收入情况
数据来源：历年《中国农村贫困监测报告》，收入均为现价

　　二是消费支出及结构情况。图 6-7 描绘了 2002～2010 年中国农村人均消费支出情况。2002 年全国农户人均生活消费支出 1834 元（现价），扶贫重点县农户为 1131.4 元（现价）、占全国平均水平的 61.7％；到 2010 年，全国农户人均生活消费支出按可比价计实现年均 8.1％的增长、扶贫重点县农户人均生活消费支出按可比价计年均增长 7.9％。9 年间，扶贫重点县农户的人均消费生活支出水平为全国平均水平的 60％，但绝对差距在近年有扩大趋势。反应扶贫重点县农户食品支出比例的恩格尔系数从 2002 年的 57.4％下降到 2010 年的 49.1％，说明从统计的平均意义上看，扶贫重点县农户从温饱阶段步入小康①。

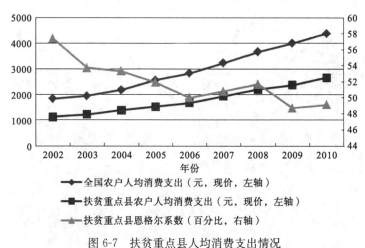

图 6-7　扶贫重点县人均消费支出情况
数据来源：历年《中国农村贫困监测报告》

————————

　　①按照国际通行标准，食品消费恩格尔系数达 59％以上为贫困、50％～59％为温饱、-50％～40％为小康、-40％～30％为富裕、低于 30％为最富裕。

　　三是耐用消费品情况。随着收入水平的上升，耐用消费品消费种类和数量的改变会影响家庭消费结构(图 6-8)。2002 年中国扶贫重点县每百户拥有 4.8 台电冰箱，到 2010 年上升至 23.8 台/百户，年均增长率为 22.2%；摩托车拥有量从 2002 年的 12.9 辆/百户上升至 45 辆/百户，实现 16.9%的平均增长率；彩色电视机从 2002 年的 47.2 台/百户上升至 94.8 台/百户，平均增长率为 10.5%，基本实现户均一台彩色电视机的覆盖率；固定电话和移动电话从 2002 年的 21.2 部/百户上升至 128.4 部/百户，年均增长率为 25.3%，部分农户家庭兼有固定话机和移动手机。这一耐用品拥有量反映了中国农村通信情况的改善图(图 6-9)。扶贫重点县 2002 年年末本地电话用户为 1512.1 万户，在年均增长 6.5%后，到 2010 年年末达到 2509.2 万户；2004 年年末住宅电话用户为 1693.6 万户(同期本地电话年末用户为 2088.6 万户)，在年均增长 1.4%后，到 2010 年年末达 1842.8 万户；移动电话用户在 2002 年年末为 879.9 万户，到 2010 年年末达 7821.7 万户，实现年均 31.4%的增长；互联网拨号上网用户在 2002 年时为 79.3 万户，到 2010 年年末达 617.4 万户，实现年均 29.2%的增长。手机及互联网的发展，为扶贫实施和财政转移支付提供新的、更加精准的渠道，如肯尼亚、乌干达等地通过手机银行直接将救助款打到受援助家庭的手机银行账户上。

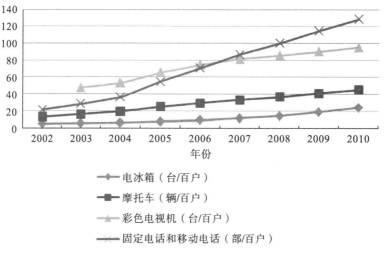

图 6-8　扶贫重点县耐用品拥有量情况
数据来源：历年《中国农村贫困监测报告》。彩色电视 2002 年的数据缺失

　　四是农牧业产品产量。由于以传统深耕细作生产方式为主，且受农产品价格偏低、农业生产利润稀薄等因素的影响，扶贫重点县农牧业产量水平平稳发展。图 6-10 描绘了扶贫重点县人均农牧业产品产量情况。其中，棉花产量是唯一有较快增长的，2002 年扶贫重点县人均棉花产量 3 kg，到 2010 年时为

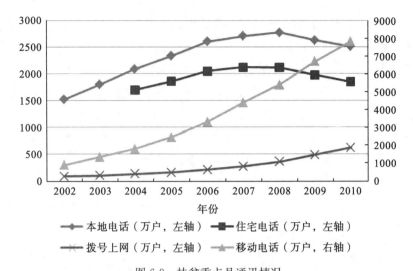

图 6-9　扶贫重点县通讯情况

数据来源：历年《中国农村贫困监测报告》。住宅电话年末用户数据 2002年、2003 年的数据缺失

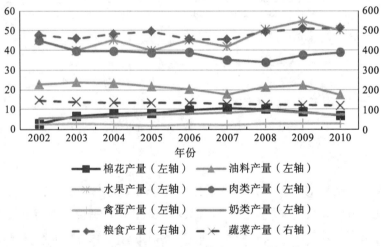

图 6-10　扶贫重点县人均农牧业产品产量

数据来源：历年《中国农村贫困监测报告》，单位 kg/人

6.9 kg，年均增长 11.0%；粮食、水果、禽蛋等农牧产品缓慢增长：2002 年扶贫重点县人均粮食产量为 476.2 kg，到 2010 年达到 511.4 kg，年均增长 0.9%；水果产量在 2002 年时为 45 kg/人，到 2010 年达到 50 kg/人，年均增长 1.3%；禽蛋产量在 2002 年时为 2.6 kg/人，到 2010 年时为 2.9 kg/人，年均增长 1.4%。油料、蔬菜、肉类等农牧业产品产量下降。2002 年时扶贫重点县人均油料、蔬菜、肉类产量分别是 22.8 kg、144.8 kg、44.8 kg，到 2010年时则分别降为 17.4 kg、119.4 kg、38.9 kg。

　　由于中国农户基本都以家庭为单位从事农业生产活动，在满足家庭自给自足后才会将剩余农牧业产品拿到贸易市场出售。图 6-11 描绘了人均部分食品消费量情况，其中，2002～2010 年谷物人均消费量为 190.3 kg，油脂类人均消费量为 5.0 kg，蔬菜及菜制品人均消费量为 86.9 kg，水果及果用瓜类人均消费量为 9.9 kg，肉类及其制品人均消费量为 21.1 kg，蛋类及蛋制品人均消费量为 2.2 kg，奶和奶制品人均消费量为 2.0 kg。除蛋类外，其余食品的人均消费量远远低于人均产量，因此剩余产品进入市场交易。

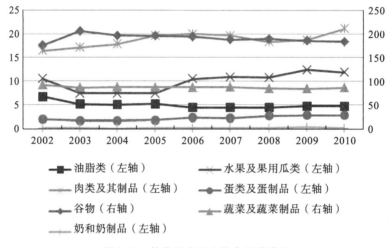

图 6-11　扶贫重点县人均食品消费量
数据来源：历年《中国农村贫困监测报告》，单位 kg/人

　　五是居住条件的改善。如果将农村居民住房结构按砖木、竹草屋、土坯屋、钢筋混凝土和其他五种类型进行分类，那么，砖木结构与钢筋混凝土结构的住房比例在上升。2002 年，砖木结构住房比例为 38.2%，到 2010 年该比例上升至 44.7%；钢筋混凝土住房比例在 2002 年时为 11.1%，到 2010 年增加到 19.4%。可以说，扶贫重点县农村 60% 以上的住房都是砖木或钢筋混凝土结构(图 6-12)。

　　2002 年，扶贫重点县农村居民住房面积为 20.1 m²/人，2010 年增加到 24.9 m²/人，年平均增长率为 2.7%；住房价值也从 2002 年的 119.5 元/m² 增加到 2012 年的 237.2 元/m²，年均增长 8.9%；使用照明电的农户比例一直保持在 90% 以上的水平；使用自来水的农户比例从 2002 年的 30.2% 增加到 2010 年的 41.7%；使用清洁能源的农户比例从 3.6% 增加到 2010 年的 14.9%(图 6-13)。

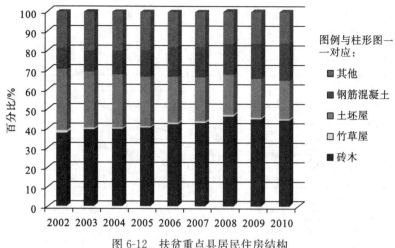

图 6-12 扶贫重点县居民住房结构

数据来源：历年《中国农村贫困监测报告》

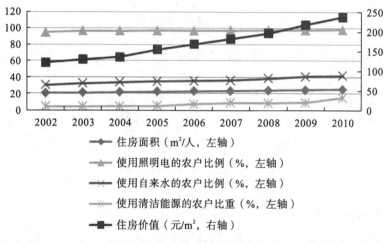

图 6-13 扶贫重点县居民居住条件

数据来源：历年《中国农村贫困监测报告》

3. 卫生健康

卫生健康可以从新农合覆盖率、医疗设施、健康资本三个方面体现。

一是新农合覆盖率。新农合全称新型农村合作医疗，是由国家施行的一项福利政策，由政府组织、引导、支持，农民自愿参加，采取个人缴费、集体扶持和政府资助的方式筹集资金，是一种以大病统筹为主的农民医疗互助共济制度。2002 年，扶贫重点县参加新农合的比例只有 2.6%，到 2010 年迅猛发展达到 93.3%，其中 2007 年新农合比例增加近 50 个百分点；扶贫重点县人均医疗保健消费支出在 2002 年为 65.1 元，到 2010 年为 178.9 元，年均增长

13.5％；扶贫重点县人均报销医疗费用从 2006 年的 1 元开始，到 2010 年为 13.8 元/人(图 6-14)。

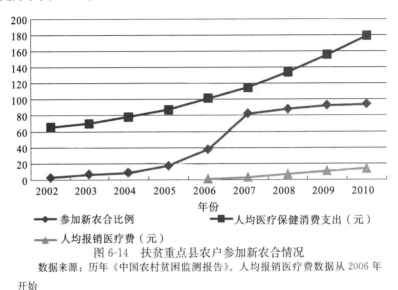

图 6-14　扶贫重点县农户参加新农合情况

数据来源：历年《中国农村贫困监测报告》。人均报销医疗费数据从 2006 年

开始

二是医疗设施情况。2002 年，扶贫重点县有卫生室、有合格乡村医生或卫生员、有合格接生员的村比例分别是 69％、71％、67％，到 2010 年这一比例分别增加到 81.5％、80.4％、77％(图 6-15)。扶贫重点县的医院卫生院数从 2002 年 1.7 万所下降到 2010 年的 1.3 万所；与此同时床位数从 2002 年的 31.4 万张上升至 2010 年的 49.3 万张，年均增长 5.8％；卫生技术人员数与医生人数经历先下降、后上升的过程，2002 年分别是 44.3 万人、23.7 万人，到 2010 年为 48.6 万人、23 万人，9 年间平均增长率分别是 1.2％、−0.4％(图 6-16)。

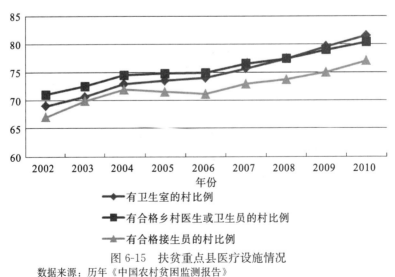

图 6-15　扶贫重点县医疗设施情况

数据来源：历年《中国农村贫困监测报告》

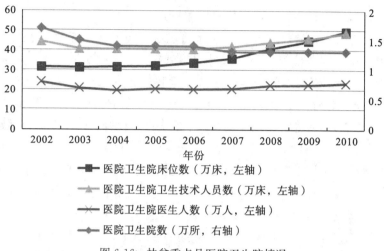

图 6-16　扶贫重点县医院卫生院情况
数据来源：历年《中国农村贫困监测报告》

三是健康资本。健康是困扰贫困家庭的重要因素。根据《中国农村贫困监测报告》，扶贫重点县农户健康比例从 2002 年的 91.7％上升至 2010 年的 93.1％，增加了 1.4 个百分点，其中，残疾比例减少 0.2 个百分点、患有大病减少 0.1 个百分点、长期慢性病比例减少 0.6 个百分点、体弱多病比例减少 0.5 个百分点。

4. 教育文化

教育文化体现在文化程度、教育设施和技能培训三方面。

一是文化程度。扶贫重点县劳动力文化程度构成以初中和小学为主（图 6-17）。劳动力中初中及以上的比例从 2002 年的 46.8％上升至 2010 年的

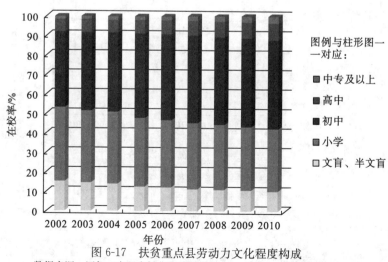

图 6-17　扶贫重点县劳动力文化程度构成
数据来源：历年《中国农村贫困监测报告》

57.6%，体现了劳动力人力资本化水平的提升。

二是教育设施情况。图 6-18 是扶贫重点县中小学数及教师数。随着撤点并校、开办寄宿制学校等中小学布局调整措施，小学数量明显下降，从 2002 年的 138 871 所下降至 80 362 所；普通中学数也从 2002 年的 16 568 所减少至 2010 年的 13 309 所；小学专任教师数从 2002 年的 122.8 万人骤降至 2003 年的 113.5 万人，其后稳定在 112 万人上下的水平。仅普通中学专任教师数有缓慢上升，从 2002 年的 122.8 万人上升至 2010 年的 112.2 万人。与小学规模减小、中学规模相对平稳遥相呼应的是小学在校生人数规模的减小、中学在校生人数规模的缓慢上升(图 6-19)。在绝对数量上，小学在校学生数从 2002 年的 2598 万人下降至 2010 年的 2106.8 万人，普通中学在校学生数从 2002 年的 1320.8 万人缓慢上升至 1400.9 万人；在相对数量上，扶贫重点县每万人小学生数从 1149.3 人下降至 869.1 人，每万人中学生数从 584.3 人下降至 578 人。每万人小(中)学学生数＝每万人小(中)学龄人口数×入学率＋每万人小(中)学龄外学生数。因此，学龄人口数、入学率和学龄外学生数三个因素会影响每万人小(中)学学生数指标。扶贫重点县适龄儿童在校率在 2002～2010 年有所提升(图 6-20)，义务教育阶段(7～15 岁)适龄儿童在校率从 2002 年的 91% 上升至 2010 年的 97.7%。其中，小学阶段(7～12 岁)适龄儿童在校率较高，在 2002 年时为 94.9%，到 2010 年为 98.3%；初中阶段(13～15 岁)适龄儿童在校率早期偏低，2002 年时为 85.4%，到 2010 年上升至 96.8%。因此，相较于中小学在校生人数、每万人中小学生数、中小学数量，在校率是一个更能反映义务教育到达率的指标。在师资分布上，2002 年，每百名小学在校学生可

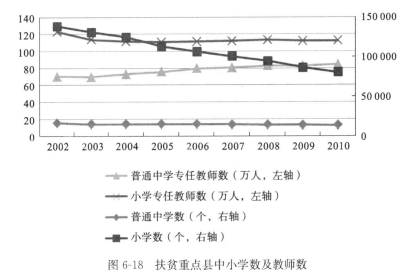

图 6-18 扶贫重点县中小学数及教师数
数据来源：历年《中国农村贫困监测报告》

获得的师资为 5.3 人、普通中学在校学生可获得的师资为 4.7 人，到 2010 年分别可获得师资为 6.0 人、5.3 人，年均增长分别为 1.6%、1.5%。

三是技能培训。2002～2010 年，扶贫重点县中接受技术援助村的比例从 10% 提高到了 14.3%。2010 年，扶贫重点县中使用节水栽培技术的村比例为 8.5%，有塑料大棚/温室的村比例为 16.4%，有农牧业新技术示范户的村比例为 29.5%，举办过专业技术培训的村比例为 44.2%(《中国农村贫困监测报告》，2011)。

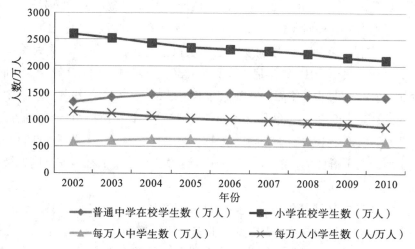

图 6-19 扶贫重点县中小学生数
数据来源：历年《中国农村贫困监测报告》

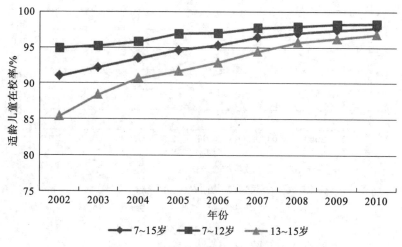

图 6-20 扶贫重点县适龄儿童在校率
数据来源：历年《中国农村贫困监测报告》

5. 社会保障

社会保障是通过制度确立、面向贫困人群建立社会安全网，以弥补贫困农户的脆弱性，为其生活提供保障，体现在社会保障制度、接受救济和扶贫项目上。

一是社会保障制度。其中最可圈可点的是最低生活保障制度，该制度于2004年先在北京、上海、天津、江苏、浙江、福建、辽宁、广东等8个省（自治区、直辖市）实施，并于2005年逐步拓展、增加被救助人数。截至2005年年底，全国农村低保对象达776.5万人，特困户生活救助对象达1024.3万人。2007年，农村最低生活保障制度在全国农村推行，构成了中国农村贫困人群社会安全网。截至2010年年底，全国有2528.7万户、5214.0万人得到了农村低保，农村低保的覆盖面、补贴标准不断提高[1]。2010年扶贫重点县中低保户的比例达到了9.9%，低保的覆盖面继续扩大，低保户户均领取的低保金达到802元。其次，农村养老保险、义务教育工程、新农合等项目也同步开展，形成了面向贫困群体的、囊括生活、医疗、教育等多维的社会安全网，缓解了多维贫困。

二是针对扶贫地区的社会救济。2002~2010年，扶贫重点县缺粮需要救济的农户比例、收到过救济救灾款物的农户比例均为1.8%，缺粮需要救济的农户比例在下降、收到过救济救灾款物的农户比例在上升（图6-21）。2002年

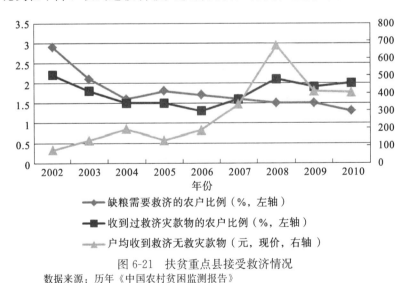

图 6-21　扶贫重点县接受救济情况
数据来源：历年《中国农村贫困监测报告》

---

①民政部：《2010 年社会服务发展统计报告》，http://www.mca.gov.cn/article/zwgk/mzyw/201106/20110600161364.Shtml

时，收到过救济救灾款物的农户比例低于缺粮需要救济 0.7 个百分点，到 2010 年时反超 0.7 个百分点，说明救济的覆盖面在扩大。2002～2010 年，户均收到救济救灾款物的平均为 281.8 元（现价），整体呈上升趋势，2008 年救济救灾款物的峰值是受当年自然灾害的影响。

三是扶贫项目。为提高扶贫效果的瞄准性，扶贫项目到村实施，当年参与扶贫项目的村比例从 2002 年的 29.6% 上升至 2010 年的 52.2%，其中扶贫项目以现金扶持为主、与整体扶贫项目比例一致（图 6-22）。扶贫项目的三种形式中，实物扶持比例下降，技术援助比例攀升。

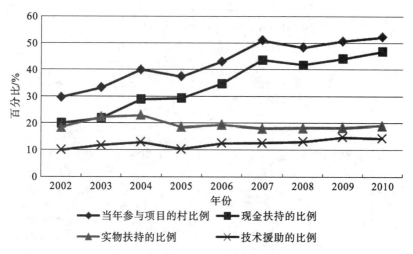

图 6-22　扶贫重点县到村扶贫情况
数据来源：历年《中国农村贫困监测报告》

6. 市场参与

扶贫实践中，"授之以鱼不如授之以渔"的思想一直颇受重视，因此，农户市场参与行为也是体现其福利的重要方面，包括广度与深度。

一是市场参与的广度，可以从劳动力迁移得以体现，见图 6-23。2010 年，扶贫重点县农户中 20.8% 的劳动力选择外出就业，比 2002 年提高了 6.3 个百分点。与此同时，贫困重点县在外务工人员的人均月收入也不断提高，从 2002 年的 369.2 元（现价）上升至 2010 年的 1270.7 元（现价），按可比价实现年均 13.2% 的增长。

二是市场参与的深度，体现在主要农产品商品化率不断提高（图 6-24）。8 类农产品在 2002～2010 年的平均出售率从高到低依次是：棉花（83.8%）→奶类（77.2%）→瓜果（77.1%）→肉类（62.9%）→禽蛋（58.5%）→油料（44.8%）→蔬菜（37.1%）→谷物（31.2%）。

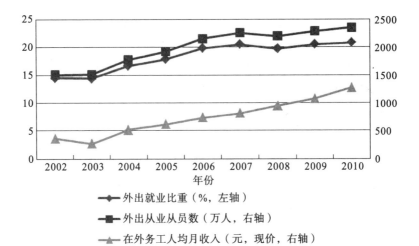

图 6-23　扶贫重点县外出就业情况
数据来源：历年《中国农村贫困监测报告》。外出就业比例为外出就业人员
数与乡村从业人员数之比

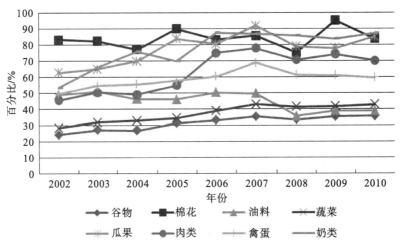

图 6-24　扶贫重点县主要农产品出售率
数据来源：历年《中国农村贫困监测报告》。出售率指出售量占产量的比例

近年来，农村扶贫政策也进行了新的尝试，如通过风险基金、产业发展基金等缓解市场风险冲击，通过市场营销手段提高农产品交易效率等。

四、理论模型设定

1. 熵值法对权重的赋值

如何对各类不同的指标进行系统处理？传统的处理方式是赋予相应的指标以一定的权重，然后结合相应数据估算出综合指标数值。这种方法难免带有研究者的主观性，从而带来赋值的争议。与主观赋权相对应的是客观赋权法——熵值法。熵（entropy）源自物理热力学的概念，度量了体系的混乱度或者无序度；应用于系统论时，熵越大表明系统越混乱（无序）、携带的信息（效用值）越少、权重越小；反之越大。这种思想催生了指标研究中的客观赋权法，其思想是根据指标的相对变化程度对系统所产生的整体影响计算指标的信息熵，从而确定出指标权重。其主要步骤如下。

第一，数据的搜集与整理。假定需要评价某地区 m 年的发展状况，评价指标体系包含 n 个指标，从而形成评价系统的初始数据矩阵

$$X = \begin{bmatrix} x_{11} & \cdots & x_{1n} \\ \vdots & \ddots & \vdots \\ x_{m_1} & \cdots & x_{mn} \end{bmatrix} \tag{6-2}$$

也可以表示成如下形式

$$X = \{x_{ij}\}_{m \times n} \quad (1 \leqslant i \leqslant m, 1 \leqslant j \leqslant n,) \tag{6-3}$$

其中，X 表示功能指标和能力指标数据集；x_{ij} 表示第 j 项指标在第 i 年的数值。

第二，数据的标准化处理。考虑到指标的量纲、量纲单位迥异，对这些指标进行标准化处理不可或缺，以解决数据指标之间的可比性。应用于熵值法的数据标准化处理有两种方法。

一种是 min-max 标准化（min-max normalization）处理，也叫离差标准化，通过最大值、最小值对原始指标进行线性变化使结果统一映射到（0，1）区间。当被标准化的指标值越大对评估的上一级目标越有利时，采用正向指标计算方法

$$x'_{ij} = \frac{x_{ij} - \min\{x_j\}}{\max\{x_j\} - \min\{x_j\}} \tag{6-4}$$

反之，采用负向指标计算方法

$$x'_{ij} = \frac{\min\{x_j\} - x_{ij}}{\max\{x_j\} - \min\{x_j\}} \tag{6-5}$$

其中，x'_{ij} 表示第 i 年第 j 项指标标准化后的数值。

另一种是 z-score 标准化（zero-mean normalization）处理，也叫标准差标准化，处理后的数据符合均值为 0、标准差为 1 的标准正态分布。

$$x'_{ij} = \frac{x_{ji} - \bar{x}_j}{S_j} = \frac{x_{ij} - \frac{1}{n}\sum_{i=1}^{m} x_{ij}}{\frac{1}{n-1}\sum_{i=1}^{m}(x_{ij} - \bar{x}_j)^2} \tag{6-6}$$

其中，$\bar{x}_j$ 是第 j 项指标的平均值；S_j 是第 j 项指标的标准差。

数据标准化后第 i 年第 j 项指标的比重为

$$y_{ij} = x'_{ij} / \sum_{i=1}^{m} x'_{ij} \quad (0 \leqslant y_{ij} \leqslant 1) \tag{6-7}$$

由此建立数据的比重矩阵 $\boldsymbol{Y} = \{Y_{ij}\}_{m \times n}$。其中 $\{Y_{ij}\}$ 表示标准化后的功能指标和能力指标集。

第三，计算指标信息熵值，其公式如下

$$e_j = -(\ln m)^{-1} \sum_{i=1}^{m} (y_{ij} \times \ln y_{ij}) \quad (0 \leqslant e_j \leqslant 1) \tag{6-8}$$

由某项指标的信息熵值可计算出该指标的效用价值

$$d_j = 1 - e_j \quad (0 \leqslant d_j \leqslant 1) \tag{6-9}$$

效用价值 d_j 衡量了某指标对权重的影响程度：该值越大，意味着该指标对评价的重要性越大，其在系统中的权重也就越大。

第四，计算指标的评价权重值。评价指标的权重是基于效用价值系数的比例关系

$$w_j = \frac{d_j}{\sum_{i=1}^{m} d_j} = \frac{1 - e_j}{\sum_{i=1}^{m} (1 - e_j)} \tag{6-10}$$

根据二级指标的权重，采用加权求和公式计算出一级指标的综合评价值

$$v = \sum_{i=1}^{n} y_{ij} w_j \times 100 \tag{6-11}$$

结合表 6-2，利用熵值法分别对功能指标和能力指标的权重值进行计算，见表 6-3。

表 6-3　各项指标权重

序号	功能指标		能力指标	
	指标名称	权重值	指标名称	权重值
1	通电的自然村比例	0.039	经营总收入与费用支出之比	0.051
2	人均生产性固定资产原值	0.039	扶贫县境内公路里程	0.053
3	人均纯收入	0.035	扶贫重点县工业从业人员	0.052
4	人均生活消费支出	0.036	购置生产性固定资产支出	0.027
5	冰箱冰柜拥有量	0.141	恩格尔系数	0.050
6	人均粮食产量	0.037	摩托车拥有量	0.057
7	人均肉类及其制品	0.038	固定电话和移动电话拥有量	0.055
8	农村居民住房结构钢筋混凝土占比	0.036	互联网拨号上网用户	0.217
9	使用自来水的农户比例	0.036	人均医疗保健消费支出	0.052
10	参加新型农村合作医疗的农户比例	0.036	扶贫重点县农户健康比例	0.033

序号	功能指标		能力指标	
	指标名称	权重值	指标名称	权重值
11	有卫生室的村比例	0.036	劳动力文化程度初中及以上比例	0.061
12	扶贫重点县医院、卫生院床位数	0.130	接受技术援助	0.061
13	有合格乡村医生或卫生员的村比例	0.038	当年参与扶贫项目的村比例	0.061
14	医院、卫生院卫生技术人员数	0.136	户均收到救济救灾款物的金额	0.049
15	每百名中小学生获得的专任教师数	0.036	谷物出售率	0.063
16	适龄儿童在校率	0.042	外出务工人均月收入	0.058
17	缺粮需要救济的农户比例	0.030		
18	收到过救济救灾款物的农户比例	0.038		
19	外出就业比例	0.042		

数据来源：《中国农村贫困监测报告 2000～2011》。收入或支出数据均进行了不变价处理

2. 集对分析法

由于福利效应的模糊性和多元性特质，直接使用式(6-11)计算指标综合值会有失偏颇。使用 Sen 可行能力理论衡量个体福利时，界定方法有多变量方法和模糊数学模型(Sen，1996)。Lelli(2001)评估了因子分析(factor analysis)与模糊集理论(fuzzy sets theory)两种不同方法的效果，消除了对采用模糊集方法的怀疑。在处理一些难以量化的研究问题时，模糊数学方法较经典方法更有优势。杨爱婷和宋德勇(2012)使用赵克勤(2000)基于辩证思维提出的模糊数学方法——集对分析法(set pair analysis)对中国福利水平进行测度，本书也沿用该方法。一个集对 H $\{E, U\}$ 包含集合 E 与集合 U，这两个集合间存在某种联系，这个集对在某个具体问题 Q 的背景下包含确定性和不确定性两类因素。确定性与不确定性可在一个既确定又不确定的同、异、反系统中进行数学处理，公式表示为

$$v = \frac{S}{N} + \frac{F}{N}i + \frac{P}{N}j = a + bi + cj\,(i \in [-1,1], j = -1, a + b + c = 1)$$

$$(6\text{-}12)$$

式(6-12)第一个等式中，N 表示集对 H 的特性数量，S 表示集合 E 和集合 U 共有的特性数量，P 表示二者相对立的特性数量，其余特性数量 $F = N - S - P$ 表示关系不确定，v 表示两个集合的联系度。式(6-12)第二个等式中 a、b、c 分别表示集合 E 和集合 U 在问题 Q 下的同一度、差异度和对立度，i 表示差异度的系数，j 表示对立度的系数。故式(6-12)可简化为

$$v = a + cj \qquad (6\text{-}13)$$

表 6-2 中的功能指标和能力指标符合集对分析的思想与框架。以福利效应的功能指标为例，功能评价指标确定为集合 E，相应的指标评价标准确定为集合 U，其评价问题表示为

$$Q = \{E, G, W, D\}$$
$$E = \{e_1, e_2, \cdots, e_m\}$$
$$G = \{g_1, g_2, \cdots, g_n\}$$
$$W = \{w_1, w_2, w_n\}$$
$$\boldsymbol{D} = \{d_{fp}\} \quad (f = 1, 2, \cdots, m; p = 1, 2, \cdots, n) \tag{6-14}$$

其中，E 表示评价方案；G 表示评价方案的指标；W 表示指标权重，即表 6-3 中根据熵值法计算的结果；$\boldsymbol{D}$ 表示由评估指标值构成的矩阵；m、n 沿用上一节的定义，分别表示年份和指标个数。在同一空间内进行对比确定各评价方案中的最优（劣）评价指标，最优方案集表示为 $U = \{u_1, u_2, \cdots, u_n\}$，最劣方案集表示为 $V = \{v_1, v_2, \cdots, v_n\}$。根据集合 $\{V_p, U_p\}$，评估指标值矩阵 $\boldsymbol{D}$ 中 d_{fp} 分两种情况计算同一度 a_{fp} 和对立度 c_{fp}：

当 d_{fp} 对评价结果起正向作用

$$a_{fp} = \frac{d_{fp}}{u_p + v_p}$$

$$c_{fp} = \frac{u_p v_p}{d_{fp}(u_p + v_p)} \tag{6-15}$$

当 d_{fp} 对评价结果起负向作用

$$a_{fp} = \frac{u_p v_p}{d_{fp}(u_p + v_p)}$$

$$c_{fp} = \frac{d_{fp}}{u_p + v_p} \tag{6-16}$$

功能指标的方案 E_f 与最优方案的贴近度或关联度 r_f 可定义为

$$r_f = \frac{a_f}{a_f + c_f} \quad (a_f = \sum w_p a_{fp}, c_f = \sum w_p c_{fp}) \tag{6-17}$$

r_f 即为福利效应的功能指数。以此类推，可计算出能力指数 r_c。根据功能指数和能力指数，再次运用熵值法测算出各指数权重，最后计算出福利效应 r_w。

五、福利效应的测度结果

根据 Sen 的可行能力方法，本书探讨中国农村扶贫重点县的福利效应变化，根据《中国农村贫困监测报告》提供的数据，评估 2002～2010 年扶贫重点县福利效应的功能指数、能力指数以及总效应指数（图 6-25）。

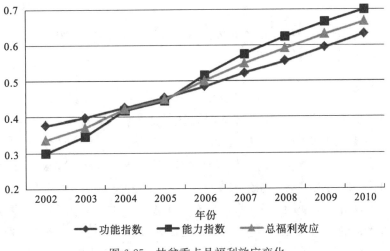

图 6-25　扶贫重点县福利效应变化

2002 年以来，中国农村扶贫重点县总社会福利水平不断上升。其中，功能指数从 2002 年的 0.377 上升至 2010 年的 0.632，年均增长 6.7%；能力指数从 2002 年的 0.300 上升至 2010 年的 0.699，年均增长 11.1%；根据熵值法计算出总福利效应中，功能指数的权重为 0.485、能力指数的权重为 0.515，从而计算出 2002～2010 年总福利效应指数。总福利效应指数介于功能指数与能力指数之间，从 2002 年的 0.337 上升至 2010 年的 0.667，实现年均增长 8.9%。无论是功能指数、能力指数，还是总福利效应，都表现出总体上升的趋势。这说明，2000 年以后的扶贫政策实施，对于扶贫重点县福利水平的提升有着极大的作用。尤其是 2004 年前后，能力指数反超功能指数，反映了扶贫政策从输血到造血的转变，产生了实际的效果。

扶贫地区社会福利水平的变动，是功能和能力综合作用的结果。功能指数的增长是建立在社会各方面进步基础上的。从指数构成的六大方面看，卫生健康贡献的权重最高，为 0.376；其次是生活水平 0.359；再次是生产水平和教育文化，均贡献 0.078；然后是社会保障，权重为 0.068；最后是市场参与 0.042。从指数构成的单个指标看，冰箱冰柜拥有量、医院卫生院床位数、医院卫生院卫生技术人员数占据了相对较高的权重，说明医疗设施发展与生活水平提高对福利状态的影响至深。能力指数测量了潜在的或可行的福利水平，是对未来可预期的期望值。从能力指数的六大构成方面看，生活水平的权重最高为 0.379；其次是生产水平的权重 0.183；再次是教育文化和市场参与，分别是 0.122、0.121；然后是社会保障的权重 0.11；最后是卫生健康 0.085。从能力指数构成的单个指标看，互联网拨号上网用户的权重最高为 0.217，说明互联网这种新型业态对扶贫地区农户而言是一种获得自身发展的工具。

第二节　福利效应对减贫的利弊分析

一、福利反馈

　　近年来，减贫研究开始梳理出可导致贫困发生率下降的因素或条件。例如，Huang 等(2008)总结中国减贫的因素，概括出经济增长、农业生产率、收入分配、乡镇企业发展、贸易自由化和国家扶贫开发项目六大要素，对中国 1980～2005 年的贫困发生率进行方差分解发现，经济增长(以人均 GDP 衡量)、乡镇企业产值的 GDP 占比、FDI 的 GDP 占比对贫困发生率的贡献为正，城乡收入差距、农业产值的 GDP 占比对贫困发生率的贡献为负。Ravallion(2010)评估中国三次产业部门和地区增长模式对减贫的贡献，发现三次产业中第一产业是中国减贫的真正动力，这与印度形成鲜明对比，印度的减贫更多来自服务业部门的发展；此外，中国各省市增长的不均衡性大大削弱了整体的减贫步伐。《贫穷的本质》一书总结出五个使穷人得以摆脱贫困的条件：①穷人通常缺少可靠的、充分的信息来源，如强调基础教育重要性、普及健康知识、科普生产信息等；②穷人肩负生活中的多种责任，在其难以享受到社会公共品便利的情况下提供替代选择，如对自来水昂贵、穷人无自来水的地方提供清毒剂以做净水处理；③一些服务于穷人的市场正在消失，或这些市场中穷人处于不利地位，如针对穷人的小额信贷市场、医疗保险市场等；④在良好或不好的制度环境中均有改进管理、政策的空间；⑤改变穷人不能脱贫的预期，启动由一个成功到另一个成功的良性循环①。

　　无论是农业发展、收入分配、贸易自由化等状况改善，还是信息传播、社会保障、农村农民市场的发展，福利状况的提升都是这些减贫因素的重要支撑。福利效应与减贫之间也有着千丝万缕的联系，通过福利效应的提升，也可以降低贫困发生率。福利效应的反馈不仅仅是直接改善贫困群体的生产生活状况，还能间接改善贫困群体所处环境的市场条件、生产条件，从而形成减贫→福利提升→减贫的良性循环。Ravallion(2011)比较了中国、巴西和印度三国的反贫困实践，认为当前中国反贫困实践中最大的难题是如何缓解日益扩大的不平等问题，这可以通过借鉴巴西的经验：巴西的减贫模式是通过有条件的现金转移来实施重新分配的社会政策，从而消弭 20 世纪 90 年代以来剧烈的不平等状况。未来财政支出以提升福利效应、缩小贫富差距和不平等问题来推动贫困率的降低是中国反贫困实践的新路径。

---

①〔印〕阿比吉特·班纳吉、〔法〕埃斯特·迪弗洛著，景芳译：《贫穷的本质：我们为什么摆脱不了贫穷》，北京：中信出版社，2013 年，第 228～230 页。

二、福利弊端

西方福利国家施行社会福利制度已久，"福利资本主义"（welfare capitalism）囊括三大策略——工资补充（如所得税抵免、工作机会税收抵免）、通过个人发展账户和小额信贷的资产建设、社区金融发展机构（Stoesz and Saunders，1999）。社会福利弊端也逐渐暴露出来。社会福利制度对于减贫和缩小贫富差距的效果甚微。21 世纪以来，全球的收入不平等状况在扩大、马太效应更加明显。对这部分内容的深入讨论超出了本书的研究范围。

福利依赖问题是颇受争议的福利弊端——过高的福利救济水平鼓励闲暇，这极大地影响了福利接受者的就业意愿和就业状况，福利欺诈现象层出不穷，乃至福利依赖在代际间传递、贫困户长期陷入"贫困陷阱"。鉴于此，欧美福利国家对社会救助制度也进行了相应调整：从保证基础性医疗、教育、住房和社会保险的全民覆盖福利模式逐渐转向了更具个人针对性的模式，加强了对福利接受者的目标定位和资产审核等内容，从商品和服务的非商业化供给转向更加重视现金资助和能力促进，即为私人履行责任提供公共支持；从承认需求向承认权利转变，从保证个体获得公共产品的平等机会向提供奖励、换取个体履行职责转变（莱娜·拉维纳斯，2014）。例如，美国的福利制度以 1997 年为界发生了一次转变：1935～1996 年，美国政府的福利制度主要是收入支持计划、医疗补助方案和食品（券）补贴，这是一种不设限制条件的直接福利供给制度，如对有儿童家庭的补助计划（aid to families with dependent children，AFDC）。1997 年开始，美国将补助制度与工作和培训的激励相联系、对福利采取时间限制、强制提出工作需求，以此来刺激社会就业的增加。例如，《个人负担与工作机会调和法案》（*Personal Responsiblity and Work Opportunity Reconciliation Act*）一改之前的"资格机制"，变为"工作优先"模式，把对有儿童家庭的补助计划改为贫困家庭的临时补助，且一般获得现金补助的时间不超过 5 年。

中国是否存在福利依赖的弊端？韩克庆和郭瑜（2012）的"中国城市低保制度绩效评估"项目调查表明，接受低保金的低保户依然显示出较强的就业与改善生活的意愿，由此得出中国城市低保制度不存在"福利依赖"效应的结论。该研究以城市贫困为研究对象，尚未有研究农村地区福利依赖问题的文献。我们的"西藏县域贫困问题与扶贫模式研究"课题，对日喀则农牧区住户进行入户调查，获得 715 份有效样本，发现日喀则地区的扶贫效果呈现两极分化现象：那些具有较强经济实力的、更能卷入市场经济体制的（如利用摩托车）农牧民，被激发出生产的积极性和创造性，从而进一步扩大农牧生产、提高收入水平；而另外一些尚处于贫困中的人们，被排斥在经济增长的绩效之外，逐渐形成依赖政府的惯性、形成对政府优惠政策的强认可，却依然难以摆脱贫困（徐爱燕和黄榕，2015）。因此，今后的扶贫政策需要对贫困群体的福利依赖问题引起重视，尽量避免寻租的出现。

第三节　本　章　小　结

考察扶贫地区的福利效应，首先梳理了福利及贫困研究中的重要概念与思想，然后以《中国农村贫困监测报告》为数据来源，系统总结中国农村福利动态演变过程，再借鉴 Sen 的功能和能力维度，运用熵值法和集对分析法，从生产水平、生活水平、卫生健康、教育文化、社会保障和市场参与六大方面估算 2002~2010 年扶贫重点县的功能指数，能力指数以及总福利效应指数。估算结果表明，2002 年以来中国农村扶贫重点县总社会福利水平不断上升，功能指数、能力指数和总福利效应指数分别实现年均 6.7%、11.1%、8.9% 的增长；能力指数在初始年份低于功能指数，但在 2004 年实现反超。最后，从理论角度探讨福利提升对减贫可能产生的积极与负面效果。

第七章　财政支出减贫的案例研究
——以西藏为例

研究减贫效应，需在剥离背景异质的前提下识别经济发展（增长）的减贫效应，但由于中国贫困呈现的一个重要特征是少数民族地区普遍落后于其他地区，且以西藏为最，西藏的贫困问题一直为世界人民所关注。因此，就该问题的研究我们以西藏为例更具代表性和现实意义，亦符合习近平总书记"治国必治边、治边先稳藏"的战略思想和俞正声主席"依法治藏、长期建藏、争取人心、夯实基础"的指示要求。西藏自治区自成立以来，在党中央、国务院的悉心关怀、全国兄弟省市的大力援助以及西藏各族人民的艰苦奋斗下，社会经济发展成就举世瞩目，但是受其独特自然地理环境、历史、社会等因素的影响和制约，与内地其他省、直辖市、自治区相比，经济社会发展仍然处于较为落后的阶段，区域性的贫困现象还没有得到根本解决，依然是我国贫困现象最为突出的省级行政区域之一。《中国农村扶贫开发纲要 2011~2020》明确指出，西藏的扶贫开发要从根本上消除"集中连片贫困区域"，提高贫困人口的生产和生活水平。未来，西藏的减贫形势愈发严峻、减贫困难愈发严重。

第一节　西藏的贫困概况

一、经济发展状况

自 1951 年西藏和平解放与 1959 年西藏民主改革以来，废除了农奴制度的西藏，生产力得以解放，经济不断发展。尤其是改革开放后，西藏经济发展更为迅速。西藏自治区 GDP，由 1965 年的 3.27 亿元增加到 2014 年的 920.8 亿元，增长 281 倍。特别是 1994 年以来，西藏生产总值连续 20 年保持两位数增长，年均增速高达 12.4%。1965 年西藏地方财政收入仅为 2239 万元，2014 年达到 164.75 亿元，年均增长高达 14.46%，自我发展能力不断增强[①]。

但是，与国内其他省份相比，西藏自治区由于底子薄、基础差，经济发展仍处在比较落后的状态，如表 7-1 所示，从 1995~2014 年，西藏自治区历年 GDP 水平与全国平均值相比都有很大的差距，其中 1996 年差距最大，全国

---

①国务院办公室：《民族区域自治制度在西藏的成功实践白皮书》，2015 年 9 月。

GDP 平均值是西藏当年 GDP 的 33.70 倍；与西部 11 个省级行政区域的平均值①相比，西藏的经济总量差距亦明显，其中 1996 年差距最大，西藏 GDP 只有西部地区平均值的 6.26%，即使是差距最小的 2003 年，西藏 GDP 也仅占西部平均水平的 9.37%，还不到一成。从 20 年的平均值看，西藏 GDP 为 324.41 亿元，全国水平为 8504.76 亿元，西部地区水平为 3922.77 亿元，西藏自治区的差距同样明显，仅为全国水平的 1/28 左右，西部地区水平的大约 1/13。从图 7-1 也可以看出，与同处西部不发达地区的其他省、自治区和直辖市相比，西藏在生产总值方面的差距也很大，均处于末位。

表 7-1　西藏自治区 GDP 与全国均值、西部地区均值对比（1995~2014 年）

（单位：亿元）

年份	西藏自治区 GDP	全国 GDP 平均值	西部地区 GDP 平均值
1995	56.11	1859.42	884.61
1996	64.98	2190.06	1037.90
1997	77.24	2467.43	1159.28
1998	91.5	2668.44	1244.40
1999	105.98	2851.23	1313.01
2000	117.8	3183.63	1430.66
2001	139.16	3508.89	1565.96
2002	162.04	3897.40	1728.71
2003	185.09	4501.20	1962.44
2004	220.34	5416.86	2354.92
2005	248.8	6426.71	2743.79
2006	290.76	7510.86	3218.38
2007	341.43	9023.80	3887.35
2008	394.85	10 752.06	4722.87
2009	441.36	11 783.99	5203.02
2010	507.46	14 098.13	6339.68
2011	605.83	16 820.68	7806.83
2012	701.03	18 598.45	8911.29
2013	815.67	20 462.75	10 003.61
2014	920.83	22 073.14	10 936.73
平均	324.41	8504.76	3922.77

数据来源：《中国统计年鉴（1996~2014）》

①本书中的西部地区为：陕西、宁夏、甘肃、四川、重庆、贵州、广西、云南、西藏、青海、新疆。

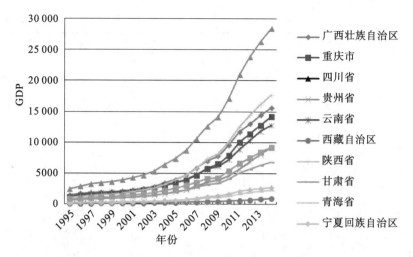

图 7-1　1995～2014 年我国西部省级行政区 GDP 情况

　　在表示经济发展质量和富裕程度的人均 GDP 方面，西藏自治区始终位于我国 31 个省级行政区域的后几位。从表 7-2 可见，2012～2014 年，西藏自治区人均 GDP 在我国分别为第 29、28 和 28 位，虽未垫底，但与位居前列的省市相较差距巨大，如 2012 年，西藏人均 GDP 不到位列全国第一的天津市的 1/4，2013 年和 2014 年也均为第一名天津市的 1/4 多一点。从图 7-2 可见，进入 21 世纪后，西藏自治区人均 GDP 的全国排名基本处于 26～29 位，这说明西藏的人均 GDP 在全国范围内一直处于下游水平，整体经济质量不高，富裕程度也较低。

表 7-2　2012～2014 年我国各省级行政区域人均 GDP 及排名　（单位：亿元）

地区	2012 年数值	2012 年排名	2013 年数值	2013 年排名	2014 年数值	2014 年排名
北京	87 475	2	94 253	2	98 966	2
天津	93 173	1	10 1669	1	10 5889	1
河北	36 584	16	38 832	16	39 991	17
山西	33 628	19	34 889	22	35 026	23
内蒙古	63 886	5	67 470	6	69 697	6
辽宁	56 649	7.	61 745	7	65 254	7
吉林	43 415	11	47 207	11	49 740	11
黑龙江	35 711	18	38 602	17	39 645	18
上海	85 373	3	90 765	3	95 956	3
江苏	68 347	4	74 699	4	81 107	4
浙江	63 374	6	68 594	5	72 571	5
安徽	28 792	26	31 795	26	34 115	26

续表

地区	2012 年数值	2012 年排名	2013 年数值	2013 年排名	2014 年数值	2014 年排名
福建	52 763	9	58 058	9	63 162	9
江西	28 800	25	31 836	25	34 615	25
山东	51 768	10	56 789	10	60 738	10
河南	31 499	23	34 187	23	36 964	22
湖北	38 572	14	42 686	14	46 952	12
湖南	33 480	20	36 906	19	40 123	16
广东	54 095	8	58 678	8	63 207	8
广西	27 952	27	30 218	27	33 121	27
海南	32 337	22	35 468	21	38 782	20
重庆	38 914	12	42 978	12	46 879	13
四川	29 608	24	32 517	24	35 005	24
贵州	19 710	31	22 982	31	28 498	29
云南	22 195	28	25 158	29	28 002	30
西藏	22 936	29	26 039	28	29 552	28
陕西	38 564	15	42 753	13	46 608	14
甘肃	21 978	30	24 438	30	25 509	31
青海	33 181	21	26 667	20	38 444	21
宁夏	36 394	17	40 185	12	42 506	15
新疆	33 796	18	38 110	18	38 797	19

数据来源：《中国统计年鉴（2013～2014）》

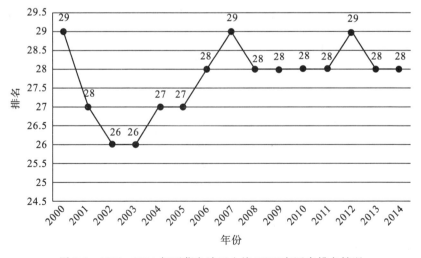

图 7-2　2000～2014 年西藏自治区人均 GDP 在国内排名情况

由于 GDP 数量较少，西藏自治区财政收入与全国其他地区相比也较低，如表 7-3 所示，2005～2013 年西藏自治区地方财政一般预算收入只有全国平均水平的 1/40～1/30，西部地区平均值的 1/17～1/14。历年一般预算收入均位于全国省级行政区域倒数第一位，且需要中央政府的大量转移支付。

表 7-3　2005～2013 年我国各省级行政地方财政一般预算收入及排名（单位：亿元）

时间	西藏	全国平均	西部地区平均
2005 年	12.03	480.14	198.85
2006 年	14.56	590.44	246.91
2007 年	20.14	760.41	326.65
2008 年	24.88	924.19	409.86
2009 年	30.09	1051.70	473.23
2010 年	36.65	1310.10	618.49
2011 年	54.76	1695.07	860.21
2012 年	86.58	1970.27	1019.09
2013 年	95.02	2226.17	1156.72
平均	41.63	1223.16	590.00

数据来源：《中国统计年鉴（2006～2014）》

二、贫困县分布状况

为了有效缓解我国的贫困问题尤其是农村贫困问题，针对贫困人口分布的集中性，1986 年国家将全国范围内农民人均纯收入低于 150 元的 331 个县定为国家级贫困县，并于 1994 年和 2000 年根据国内外经济社会的发展情况，对国家级贫困县的范围做了两次大调整[1]。考虑到西藏自治区的特殊情况，在进行国家级贫困县认定时，一直未将西藏自治区符合条件的贫困县纳入"国家级贫困县"的范畴，但是对西藏自治区贫困县的扶贫支持，国家却一直没有中断过，不仅有中央政府的专项扶贫资金，还有各省份的对口援助，以及各大型中央直属国企的对口援助项目。而且，西藏被单独作为一个片区，其全境均被认定为贫困县[2]。

目前，西藏共有 5 个地级市和两个地区，5 个地级市分别为拉萨市、昌都

---

[1]在 1994 年"八七扶贫攻坚计划"中，中央政府按照农民人均纯收入低于 400 元的标准对国家级贫困县的范围进行了调整，随后在 2000 年，又按照农民年人均纯收入 625 元的标准再次调整，国家级贫困县改称为国家扶贫开发重点扶持县，简称为重点县或国定重点县。

[2]《中国农村扶贫开发纲要（2011～2020 年）》划定："六盘山区、秦巴山区、武陵山区、乌蒙山区、滇桂黔石漠化区、滇西边境山区、大兴安岭南麓山区、燕山—太行山区、吕梁山区、大别山区、罗霄山区等区域的连片特困地区和已明确实施特殊政策的西藏、四省藏区、新疆南疆三地州是扶贫攻坚主战场。"

市、日喀则市、林芝市和山南市，两个地区分别为那曲地区与阿里地区。囿于地理环境和经济状况，西藏城镇化的进展比较缓慢，除拉萨以外，其他地区还未形成较为完备的城市形态，即使是拉萨也只有两个拉萨县级城关区和堆龙德庆区。日喀则、昌都、林芝、山南地区均是在 2014 年之后才改为城市的，城市化程度较低，与我国东中部甚至西部的一些城市相比，无论是城市规模还是基础设施，差距都较大。因此，在西藏自治区所属 74 个县(区)中，除了拉萨城关区由于是省会所在地，经济发展相对较好，其他 73 个县(区)都属于国家贫困县的范畴。西藏自治区贫困县分布如表 7-4 所示。

表 7-4　西藏自治区贫困县分布

行政区	所属贫困县	数目
拉萨市	林周县、达孜县、堆龙德庆区县、尼木县、当雄县、曲水县、墨竹工卡县	7
昌都市	卡若区、察雅县、左贡县、芒康县、洛隆县、边坝县、江达县、贡觉县、丁青县、八宿县、类乌齐县	11
日喀则市	桑珠孜区、南木林县、江孜县、定日县、萨迦县、拉孜县、昂仁县、谢通门县、白朗县、仁布县、康马县、定结县、仲巴县、亚东县、吉隆县、聂拉木县、萨嘎县、岗巴县	18
林芝市	巴宜区、米林县、墨脱县、察隅县、波密县、朗县、工布江达县	7
山南市	乃东区、扎囊县、贡嘎县、桑日县、琼结县、洛扎县、加查县、隆子县、曲松县、措美县、错那县、浪卡子县	12
那曲地区	那曲县、申扎县、班戈县、聂荣县、安多县、嘉黎县、巴青县、比如县、索县、尼玛县、双湖县	11
阿里地区	噶尔县、普兰县、札达县、日土县、革吉县、改则县、措勤县	7

由表 7-4 可见，西藏每个市(或者地区)，都下辖着大量的贫困县，哪怕是刚刚由地区改为城市的昌都、日喀则、林芝和山南，其政府驻地卡若区、桑珠孜区、巴宜区、乃东区也是由县改来的，各种城市设施有所欠缺，农业人口所占比例很高，经济发展较为落后，均属于贫困地区范畴。因此，西藏自治区的贫困人口呈现出"连片特困"的状态，即地域上成片的贫困县连接在一起，贫困人口聚集，且 95％以上为少数民族人口。

三、贫困人口的生活状况

(一)贫困人口的宏观情况

作为全国唯一的省级集中连片贫困地区，2010 年年底西藏贫困人口为83.3 万人[①]，占西藏农牧区总人口的 34.42％，贫困发生率全国最高。虽然西

---

①根据国家划定的年收入 2300 元的贫困线标准。

藏自治区政府为此花费了巨大精力，2014 年将扶贫对象占农牧区总人口的比例降至 13.63%，但是仍有 32.7 万藏区群众处在年收入 2300 元的贫困线标准之下。由图 7-3 可见，随着西藏经济社会的发展和政府扶持力度的加大，西藏自治区的贫困状况正逐步改善，贫困人口绝对规模不断下降，2014 年贫困人口数量只有 2010 年的 39.26%。但贫困人口占农牧区总人口的比例仍然较高，农牧区生活生产条件较差，在收入、消费、教育、医疗卫生、社会保障等方面和城镇居民存在较大差距，基本公共服务缺乏。同时，脱贫返贫问题严峻，要想西藏自治区和全国人民一道在 2020 年实现全面小康社会的宏伟目标，西藏自治区的贫困问题还需进一步加大解决力度。

图 7-3　2010～2014 年西藏自治区贫困人口数目变动情况

(二)西藏自治区贫困人口的具体生活情况——来自加盆村的调查

为更加直观地了解西藏自治区贫困人口的生活状况，我们对西藏自治区日喀则市定日县西宗乡加盆村进行了调研。加盆村是国家实施贫困村"互助资金"① 项目的试点村之一，中央财政平均每年对每个试点村补助 15 万元以促进其脱贫致富。因此，对加盆村的调研，可以管中窥豹，显示出西藏自治区贫困人口的真实情况。

本次调研以家户为单位，发放调查问卷，共调查 66 户家庭、359 人。根据分类，将年人均纯收入低于 1300 元且无主要收入来源的家庭定为低保户，将年人均纯收入在 1300～2300 元的定为生活较差，将 2300～5000 元的定为生活中等，5000 元以上则定为生活较富。各分类的户数与人数见表 7-5。

———————————

①贫困村互助资金指以财政扶贫资金为引导，以村民自愿按一定比例交纳的互助金为依托，无任何附加条件的社会捐赠资金以下简称"捐赠资金"为补充，在贫困村建立的民有、民用、民管、民享、周转使用的生产发展资金。

表7-5　加盆村村民生活情况分布

收入程度	户数/户	人数/人
低保	14	46
较差	14	65
中等	29	165
较好	9	83
合计	66	359

由表7-5可见,年人均收入低于2300元的贫困人口(包括低保和生活较差人口)在加盆村共有111人,占全村总人口的30.92%,远远高于西藏自治区官方公布数据13.63%的平均值,贫困户数占总户数的42.42%。可见,加盆村贫困问题还较为严重,减贫形势依然严峻。

在加盆村的贫困人口中,无收入来源只能依靠政府低保生活的共有14户、46人,且有两户5人没有任何生活资料(包括羊、马、牦牛、牛、耕地)等,有生活资料的低保户各种生活资料也较少,严重缺乏足够谋生的生产资料。有收入但"生活较差"的居民14户、65人,他们拥有基本生产资料但人均较少,无法满足基本需求,亦无法养育子女、维持家庭的基本生活。由图7-4可见,低保户的户均人口为2.39人,生活较差村民的户均人口为4.64人,每个家庭的人口都较少,与中等生活家庭的户均5.79人、生活较好家庭的户均9.22人均有一定差距。究其原因,贫困家庭户均人口较低,主要因收入差距造成的不同家庭出生率和死亡率方面存在差异,越是贫困的家庭,初生婴儿死亡率越高、抚养孩子的能力越弱,且家庭成员的寿命越短。反之,收入越高、生活条件越好的家庭,越有能力抚养孩子,并且有更好的营养和医疗条件来延

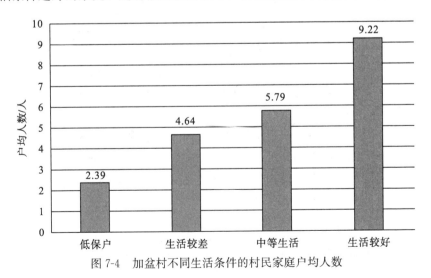

图7-4　加盆村不同生活条件的村民家庭户均人数

长家庭成员的寿命，因此家庭成员也就越多。

调研还发现，加盆村目前接受教育的青少年共有 52 人，其中小学 33 人、初中 16 人、高中 2 人、大学 1 人。从调查问卷的结果看，接受教育的青少年全部为经济条件中等和经济条件较好的家庭。由表 7-6 可见，经济条件中等的家庭有小学生 20 名、初中生 6 名、大学生 1 名；经济条件较好的家庭有小学生 13 名、初中生 16 名、高中生 2 名。从比例上看，经济条件中等的家庭每户有 0.69 名小学生、0.21 名初中生以及 0.03 名高中以上学历青少年；而经济条件较好的家庭则每户有 1.44 名小学生、1.11 名初中生以及 0.22 名高中以上学历的青少年。这说明家庭青少年的受教育程度与经济条件息息相关，经济条件越好的家庭，越支持青少年受教育；而经济条件较差尤其是贫困家庭，即使国家在西藏实行 15 年义务教育，也无法支持子女读书。无法通过获取知识改变命运，这成为贫困家庭无法改善生活状态的重要因素。

表 7-6　加盆村青少年受教育等级的分布情况　　　　　（单位：人）

学校等级	小学	初中	高中	大学
中等	20	6	0	1
较好	13	10	2	0
合计	33	16	2	1

加盆村是西藏自治区贫困地区的典型代表，其调研结果可基本反映西藏自治区贫困人口的生活情况。分析显示，一个家庭的生育率、死亡率、受教育程度均与家庭贫困程度有着较强联系。尤其当贫困家庭无法较好地养育子女，给家庭中的青少年提供较好乃至基础性的教育条件时，往往会使家庭的贫困状况继续下去。因此，从福利经济学的角度出发，政府和社会必须提供相应的支持，使贫困家庭在基本生活福利方面获得提高。这也从侧面论证了通过财政提供公共服务，以此来推动贫困家庭脱贫致富的重要性。

第二节　西藏自治区财政减贫的主要举措

为了使西藏自治区广大农牧民尽快摘下贫困的帽子，中央及西藏自治区各级政府采取了多项减贫政策，包括发展规划的扶持、大量财政资金的补助。根据统计，西藏农牧民的直接财政补贴（现金或实物）主要有以下五类。

第一类是居民生活补助。目前西藏已经在全自治区范围内实现了农村最低生活保障制度，并分三个标准予以补贴（表 7-7）。同时，对 80 岁以上的老年人有健康补贴，对全区边境县、边境乡镇 16 周岁以上（含 16 周岁）的边民有"普惠制"边民补助政策，对五保户提供供养经费并在 2015 年提高了供养补助标准。通过各类居民生活补助，使区内农牧民尤其是生活困难群众能够获得基本生活条件的保障，做到老有所养、贫有所帮。

表 7-7　西藏自治区农村最低生活保障

重点保障对象	特殊保障对象	一般保障对象
人均补助标准 1970 元	人均补助标准 1490 元	人均补助标准 977 元

第二类是条件改善补助。农牧区人民的脱贫致富，不仅需要生活上的经费，其居住条件的改善也是帮助贫困地区人民脱贫减贫的重要方式。改善人民的生活条件，推动环境保护与治理，可以使其获得更好的生活环境，享受到更多改革带来的发展成果。当前西藏自治区用于改善农牧区条件的补助见表 7-8。

表 7-8　西藏地区的各项条件改善补助

项目	内容
草原生态保护补助奖励	禁牧补助为每年每亩 6 元，草畜平衡奖励为每年每亩 1.5 元，牧民生产资料综合补贴为纯牧户每年每户 500 元
农村危房改造补助	一般农村危房改造 1.5 万元/户，贫困户农村危房改造 2.5 万元/户，边境县、乡农村危房改造 1.7 万元/户
农村薪柴替代沼气工程项目	自 2009 年起，进行沼气建设的农牧民，可获得 4200 元/户的政府补贴

第三类是生产建设补助。为了鼓励农牧民降低农牧业生产成本，改善生产技术，提高生产效率，政府也对其实施了补贴，主要有农作物良种推广补贴、农业机械购置补贴、种粮农民直接补贴、种粮农民农资综合补贴以及牲畜良种补贴等。具体项目和内容见表 7-9。

表 7-9　西藏地区的各项生产建设补助

项目	内容
农作物良种推广补贴	青稞良种 20 元/亩，油菜良种 10 元/亩，马铃薯良种 10 元/亩，玉米良种 10 元/亩，水稻良种 15 元/亩，小麦良种 10 元/亩
农业机械购置补贴	对拖拉机、耕、播、耙等配套农机具、种子加工机械、农畜产品加工机械等按照自治区招标价格补贴的 35% 给予补贴
种粮农民直接补贴	对青稞、小麦、水稻、玉米等实际播种面积进行补贴，标准为 15 元/亩
种粮农民农资综合补贴	自治区以 2005 年核定的青稞、小麦、玉米、水稻播种的面积补贴，补贴标准为 27.87 元/亩
牲畜良种补贴	牦牛犊良种每头补贴 60 元，改良黄牛良种每头补贴 150 元，改良绵羊良种每只补贴 30 元

第四类是教育补助。脱贫致富，教育是关键，只有通过教育提高贫困地区的总体人口素质，使其掌握更多的生活和生产技能，才能够提高其社会竞争

力，使其具有脱贫致富的各项素质和技能。因此，无论是中央政府、各兄弟省市政府还是西藏自治区各级政府，都对教育有相应的补助。一种是奖、助学金，如国家奖学金、国家励志奖学金、国家助学金等；还有一种是专项的西部开发助学工程，实施对象为品学兼优的贫困大学生，补助标准是每人 20 000元，每学年 5000 元，分四个学年划拨。

第五类是科技卫生人员补助。贫困不仅仅是生活条件的落后，还有科技、卫生等条件的恶化。因此，为了使西藏农牧区有更多的科技人员对农牧民做指导，西藏自治区出台了科技特派员生活补助政策，对机关、事业单位选派的科技特派员，每年一次性补助 3000 元；对无固定单位，自愿报名的农牧民科技特派员，每年一次性补贴 6000 元。通过对科技人员下乡的补贴，促使和推动越来越多的科技人员深入牧区，为农牧民提供科技指导和咨询。同时对于村医，将基本报酬提高到每人每月 900 元，年补助 10 800 元。

通过各类直接补贴，西藏力图在公共财政的范围内，为贫困人口在生活水平、生活环境和技能培养方面提供更多的支持，从而达到财政扶贫减贫的目标。

第三节　西藏自治区财政支出的减贫效应

纵观世界各国和中国各地区的减贫经验，囿于多种因素的制约，贫困地区和贫困人口在短时间内还不具备通过自身努力改变贫困状态的能力，政府的财政支持就显得尤为重要。尤其对于我国最典型的贫困地区——西藏自治区来说，其发展历程就是财政大力支持的过程，因此研究财政支出的减贫效应，具有重要的理论意义与现实意义，并为"十三五"期间提高精准扶贫效率提供参考。

本章对减贫效应的研究主要以西藏自治区各贫困县的数据为对象，以人均公共预算支出为自变量，从人均 GDP、农村年人均收入、死亡率和小学以下人口所占比例来观察财政支出对西藏自治区减贫的作用效果，全面揭示财政支出的减贫效应。

一、指标选取与数据处理

（一）指标选取与说明

在对减贫效应的实证分析中，选取人均预算公共支出作为自变量。一是因为与专项扶贫资金相比，公共预算支出的作用范围更大，不仅针对贫困户以补贴其生活，还可以通过公共服务设施的改善使其生活质量得到提高，并且拥有受教育的权利以改变命运；二是因为公共预算支出的口径更大，且数据易于收集，更是政府履行职能的体现。应变量选取人均 GDP、农村人均收入、年度死亡率和小学以下人口所占比例等四个指标。人均 GDP 体现了区域经济的整体发展程度，同时也是社会总体富裕程度的重要反映，将人均 GDP 作为指标，可以得到财政支出对贫困县整体经济发展的影响；农村人均收入反映了贫困县农牧民的平均生活水平，也是衡量贫困县居民生活质量的重要指标；年度死亡率反映了地区的生活水平和医疗质量，财政支出可以有效改善当地的医疗条件，使医疗贫困程度获得缓解，因此将年度死亡率作为指标；教育贫困也是贫困的一个重要方面，本书用小学以下人口所占比例作为衡量指标，即文盲人口与小学教育人口的总和除以总人口。

　　本书之所以选择西藏自治区的总体数据，主要是因为西藏各市、县的数据遗漏太多，很多数据没有统计到市、县这两级行政区域。各级变量的确定，也是考虑到西藏自治区数据难以收集而做出的选择。

　　(二)数据的收集与处理

　　本书的人均公共预算支出、人均 GDP 和农村人均收入的数据，均来源于《中国民族统计年鉴》，根据其中贫困县的相关数据整合、计算而得①；由于死亡率的数据无法从相应的区域和民族统计年鉴中获得，只能将《中国统计年鉴》中西藏自治区的平均死亡率作为替代数据；小学以下人口所占的比例也出自《中国统计年鉴》，不过其中很多数据都是抽样得来的，属于人口的抽样调查数据。所搜集数据的具体结果见表 7-10。

表 7-10　西藏各贫困县的数据情况　　　　　　（单位：元）

年份	人均公共预算支出	人均 GDP	农村人均收入	死亡率/%	小学以下人口所占比例/%
1996	1511.93	2666.39	1353.26	8.50	92.15
1997	1542.62	3119.55	1194.51	7.90	93.47
1998	1801.80	3637.59	1231.50	7.80	91.74
1999	2084.24	4147.78	1309.46	7.40	95.33
2000	2308.02	4533.73	1330.81	6.60	89.21
2001	3967.71	5280.21	1404.01.	6.50	87.35
2002	5138.80	6040.86	1462.27	6.10	84.62
2003	5361.02	6800.78	1690.76	6.30	85.82

---

　　①由于《中国民族统计年鉴》中存在西藏有些县区统计资料不全的现象，因此在计算的过程中剔除了某年某个县区的数据，特此说明。

续表

年份	人均公共预算支出	人均 GDP	农村人均收入	死亡率/%	小学以下人口所占比例/%
2004	4842.90	7973.22	1861.31	6.20	84.12
2005	6615.90	8875.89	2077.90	7.20	88.50
2006	7022.48	10 199.24	2435.02	5.70	84.88
2007	9533.92	11 821.14	2788.20	5.10	82.92
2008	13 021.55	13 507.00	3175.82	5.20	81.72
2009	15 891.43	14 918.88	3531.72	5.10	81.56
2010	18 354.41	16 902.94	4138.71	5.30	77.28
2011	24 995.33	19 974.61	4904.28	5.13	73.72
2012	29 430.41	22 788.83	5719.38	5.21	77.23
2013	32 505.86	26 139.92	6578.20	5.39	63.57
2014	37 333.04	28 997.95	7359.20	5.21	80.40

数据来源:《中国统计年鉴(1997～2015)》《中国民族统计年鉴(1997～2015)》

从表 7-10 的数据看,1996～2014 年的 19 年间,西藏自治区各贫困县的人均公共预算支出、人均 GDP 和农村人均收入均处于逐步攀升的态势,而年度的死亡率和小学以下人口所占比例则出现总体下降的趋势。这说明,随着年人均公共预算支出的增加,西藏自治区各贫困县的人均 GDP 和农村人均收入不断提升,年度死亡率和小学以下人口所占比例不断降低;进一步证明,还需要通过实证分析来验证。

在实证分析中,人均公共预算支出用 PFE 表示、人均 GDP 用 PGDP 表示、人均收入用 PRE 表示、死亡率用 DEA 表示、小学以下人口所占比例用 EDU 表示。由于在后面的实证分析中,需要将相应的数据进行对数处理,因此对所有指标所含的数据取对数后,分别得出 lnPFE、lnPGDP、lnPRE、lnDEA 和 lnEDU 的数据,并在此基础上进行实证研究。

二、实证分析

(一)单位根检验

由于人均公共预算支出、人均 GDP、农村人均收入、年度死亡率和小学以下人口所占比例等五个指标均为时间序列,存在着非平稳的可能性。若想研究人均公共预算支出同人均 GDP、农村人均收入、年度死亡率和小学以下人口所占比例四个指标的协整关系,必须在之前进行单位根检验。单位根检验是检查序列平稳性的标准方法,基本思路是由迪克和富勒提出来的,最主要的方法为 DF 检验和 ADF 检验。由于在 DF 检验中，一旦出现序列存在高阶滞后相关的情况，往往就会违背 DF 检验中扰动项是独立同分布的假设，故而扩展的DF 检验（即 ADF 检验）的实际操作性更强。因此在论文中，为了消除时间序列中存在的异方差现象，需要对人均公共预算支出、人均 GDP、农村人均收入、年度死亡率和小学以下人口所占比例这五项指标分别进行 ADF（扩展的迪克-富勒）单位根检验，检验结果如表 7-11 所示。

表 7-11　各指标 ADF 检验结果

序列	检验形式(c, t, k)	ADF 值	临界值	结果
lnPFE	(c, t, 2)	−3.294208	−3.342253 *	不平稳
lnPGDP	(c, t, 2)	−4.494005	−3.759743 **	平稳
lnPRE	(c, t, 2)	−4.558596	−3.828975 **	平稳
lnDEA	(c, t, 2)	−5.068031	−4.800080 ***	平稳
lnEDU	(c, t, 2)	−5.570690	−4.728363 ***	平稳
DlnPFE	(c, t, 2)	−5.409128	−2.754993 ***	平稳
DlnPGDP	(c, t, 2)	−6.654611	−2.740613 ***	平稳
DlnPRE	(c, t, 2)	−6.114416	−2.771926 ***	平稳
DlnDEA	(c, t, 2)	−5.546068	−2.740613 ***	平稳
DlnEDU	(c, t, 2)	−7.675481	−2.740613 ***	平稳

注：在检验结果中，检验形式的 c、t、k 分别代表常数项、时间趋势和滞后期，D 表示对变量的对数做二阶差分，*** 、** 、* 分别表示在 1%、5% 和 10% 的显著水平

由表 7-11 可见，对人均公共预算支出、人均 GDP、农村人均收入、年度死亡率和小学以下人口所占比例等五个变量对数化后，进行滞后期为 2 期的ADF 检验，结果表明，人均公共预算支出的对数 lnPFE 即使在 10% 的显著水平下都无法拒绝原假设，故而为不平稳序列。因此，必须将所有的变量进行二阶差分后再予以检验。在进行二阶差分后，人均公共预算支出、人均 GDP、农村人均收入、年度死亡率以及小学以下人口所占比例的 ADF 值均小于 1%置信水平下的临界值，拒绝原假设。这说明在进行二阶差分后，进行实证分析的五个时间序列都是平稳序列。

（二）协整检验

协整检验从检验对象上可分为两种，一种是基于回归系数的协整检验，如Johansoen 协整检验，另一种则是基于回归残差的协整检验，如 EG 检验。EG检验是在 1978 年，由 Engle Granger 提出的，具体含义为：在多维时间序列的分析过程中，如果每个时间序列都是单整数阶的，那么这些分量时间序列的

某种线性组合就会降低其单整的阶数,这种向量时间序列称为协整系统。从本书的研究看,将人均公共预算支出同人均 GDP、农村人均收入、年度死亡率以及小学以下人口所占比例分别做实证分析,如果存在一个常数,使其人均公共预算支出与另外四个变量的线性组合是平稳的时间序列,那么人均公共预算支出就同另外四个变量是长期稳定的关系。

(1)首先检验人均公共预算支出与人均 GDP 之间的关系,以 lnPFE 为自变量,lnPGDP 为因变量建立回归方程,运用恩格尔-格兰杰(EG)两步法进行分析,回归方程的模型如下

$$\text{lnPGDP} = \alpha + \beta \text{lnPFE} \tag{7-1}$$

其中 $R^2 = 0.985\,315$,S. D$=0.741\,979$,P 值为 $0.000\,000$,由此可见该回归结果可信。

用最小二乘法(OLS)对人均公共预算支出(lnPFE)和人均 GDP(lnPGDP)做回归,得出回归方程为

$$\text{lnPGDP} = 3.012472 + 0.686142\text{lnPFE} \tag{7-2}$$

其中回归的具体结果见表 7-12。

表 7-12   人均公共预算支出与人均 GDP 之间的回归结果

变量	Conffcient	Std. Error	t-Statistic
lnPFE	0.686 142 ***	0.020 316	33.773 94
C	3.012 472 ***	0.181 489	16.598 66

注:***、**、*分别表示在 1%、5% 和 10% 的显著水平

表 7-12 再将所得的残差做 ADF 检验,其中残差方程为

$$e_1 = \text{lnPGDP} - 3.012472 - 0.686142\text{lnPFE} \tag{7-3}$$

对其进行 ADF 单位根检验,结果见表 7-13。

表 7-13 e_1 的 ADF 检验结果

序列	检验形式(c, t, k)	ADF 值	临界值	结果
e_1	(c, t, 2)	−6.128722	−4.667883 ***	平稳

注:在检验结果中,检验形式的 c、t、k 分别代表常数项、时间趋势和滞后期,***、**、*分别表示在 1%、5% 和 10% 的显著水平

由此可见,人均公共预算支出与人均 GDP 之间存在着长期的协整关系,且协整表达式为 lnPGDP$=3.012472+0.686142$lnPFE,二者有着显著的正相关性。人均公共预算支出提高一个百分点,就能够促进人均 GDP0.69% 左右的增长。这说明,人均预算公共支出的增加促进了西藏自治区贫困地区的总体经济增长,提高了整个地区的富裕程度。

(2)对人均公共预算支出与农村人均收入之间的关系进行检验，以 lnPFE 为自变量，lnPRE 为因变量建立回归方程，运用恩格尔-格兰杰(EG)两步法进行分析，回归方程的模型如下

$$\text{lnPRE} = \alpha + \beta\text{lnPFE} \tag{7-4}$$

用最小二乘法(OLS)对人均公共预算支出(lnPFE)和农村人均收入(lnPFE)做线性回归，得出回归方程为

$$\text{lnPRE} = 2.872141 + 0.554602\text{lnPFE} \tag{7-5}$$

其中回归的具体结果见表 7-14。

表 7-14　e_1 的 ADF 检验结果

变量	Conffcient	Std. Error	t-Statistic
lnPFE	0.554 602 ***	0.033 419	16.595 37
C	2.872 141 ***	0.298 547	9.620 412

注：＊＊＊、＊＊、＊ 分别表示在 1%、5% 和 10% 的显著水平。其中 $R^2 = 0.941862$，S. D = 0.613413，P 值为 0.000000，由此可见该回归结果可信

再将所得的残差做 ADF 检验，其中残差方程为

$$e_2 = \text{lnPRE} - 2.872141 - 0.554602\text{lnPFE} \tag{7-6}$$

对其进行 ADF 单位根检验，得出的结果见表 7-15。

表 7-15　e_2 的 ADF 检验结果

序列	检验形式(c, t, k)	ADF 值	临界值	结果
e_2	(c, t, 2)	−4.104712	−3.759743 **	平稳

注：在检验结果中，检验形式的 c、t、k 分别代表常数项、时间趋势和滞后期，＊＊＊、＊＊、＊ 分别表示在 1%、5% 和 10% 的显著水平

由此可以看出，人均公共预算支出与农村人均收入之间存在着长期的协整关系，且协整表达式为 lnPRE=2.872141+0.554602lnPFE，二者长期存在着显著的正相关性。也说明当人均公共预算支出提高一个百分点时，农村人均收入将会有 0.55% 的增长。当人均预算公共支出不断增加时，农民的收入也会不断上升，虽然上升的比例未能达到人均预算公共支出的增加比例，但是通过提升人均预算公共支出，可以以增加农村人均收入的方式达到减贫效果。

(3)用同样的方法分别验证人均公共预算支出与年度死亡率以及小学以下人口所占比例之间的关系，得出回归方程

$$\text{lnDEA} = 3.072282 - 0.142216\text{lnPFE} \tag{7-7}$$
$$\text{lnEDU} = 5.106455 - 0.076652\text{lnPFE} \tag{7-8}$$

再将所得的残差做 ADF 检验，得出的结果见表 7-16。

表 7-16　e_3 和 e_4 的 ADF 检验结果

序列	检验形式(c, t, k)	ADF 值	临界值	结果
e_3	(c, t, 2)	−4.878 872	−4.728 863 ***	平稳
e_4	(c, t, 2)	−3.756 913	−3.362 984 *	平稳

注：在检验结果中，检验形式的 c、t、k 分别代表常数项、时间趋势和滞后期，***、**、* 分别表示在 1%、5% 和 10% 的显著水平

从实证分析的结果看，人均公共预算支出同西藏自治区的年度死亡率、小学以下人口所占比例均具有长期协整关系，协整结果也较为稳定，运用 OLS 回归所得的方程表达式分别为 lnDEA=3.072282−0.142216lnPFE 和 lnEDU=5.106455−0.076652lnPFE。说明人均公共预算支出同西藏自治区的年度死亡率、小学以下人口所占比例存在着负相关的关系，即人均预算公共支出增加可以降低西藏自治区的年度死亡率和小学以下的人口比例。具体表现为：人均公共预算支出上升 1%，年度死亡率下降 0.14%；人均公共预算支出上升 1%，小学以下人口所占比例下降 0.07%。人均公共预算支出的增加，可以有效减少西藏贫困地区的医疗贫困和教育贫困。

三、结果说明

首先，财政支出对经济发展、居民收入、医疗和教育等方面均有减贫效应。因为人均公共预算支出同人均 GDP 和农村居民人均收入均存在显著的正相关性，预算支出越多，人均 GDP 和农村居民收入都会随之提高；人均预算公共支出同年度死亡率、小学以下人口所占比例长期存在负相关关系。公共预算支出的增加，可以促进人均 GDP 和人均收入的增加，反映出财政支出对整体经济发展和农牧民收入提高的推动作用；公共预算支出的增加，可以有效降低西藏自治区的死亡率和小学以下人口所占的比例，反映出财政支出对卫生医疗条件改善的推动作用（死亡率降低）和对教育事业发展的促进作用（总人口中文盲和小学学历人数比例的下降）。

其次，财政支出对区域经济整体发展的带动作用高于人均收入。从实证分析可以看出，人均公共预算支出对人均 GDP 的影响系数为 0.686 142，对农村人均收入的影响系数为 0.554 602。这说明财政支出对人均 GDP 的促进效应要大于对农村人均收入的促进作用。这说明西藏自治区的财政支出对整体宏观经济的推动作用要大于对农村居民收入的推动作用。增加公共财政支出，更有利于推动整体经济的增长，而农牧民收入的增加则相对滞后。这说明财政支出的减贫效应更侧重对西藏自治区整体经济的影响，西藏自治区的大部分贫困人口集中在农牧区，因此如何大幅度增加农牧民收入是西藏自治区在通过财政支出

进行"减贫"时所需考虑的首要问题。

最后，财政支出对年度死亡率的减贫效应要高于教育事业。实证结果表明，人均公共预算支出同西藏自治区年度死亡率的相关系数为－0.142 216，同小学以下人口所占比例的系数为－0.076 652。可见人均公共预算支出的增加，可以有效降低西藏自治区的年人均死亡率。从更深层次看，财政支出对西藏自治区人民生活水平的提高和医疗卫生条件的改善具有积极的促进作用，进而使得西藏自治区的年度死亡率不断下降，由1996年的8.5%下降至2014年的5.2%，总体下降幅度近39%。但与死亡率相比，财政支出对教育的减贫效应虽然存在，却并不突出。人均公共预算增加一个百分点，小学学历以下人口所占的比例仅能降低0.077%左右，不到0.1%。由表7-10可见，在19年间，即使比例最低的2013年与比例最高的1999年相比，下降幅度也只是31.76%，低于死亡率39%的下降幅度。中外的研究表明，教育的不平等，是导致贫困的主要因素，也是造成贫困代际传递的关键原因。因此，加大公共预算方面对教育的投入，提高西藏自治区的整体教育水平，是西藏自治区提升财政支出减贫效应在未来要重点关注的问题。

第四节　本章小结

本章从宏观和微观两个层面研究了西藏自治区的贫困状况，宏观主要通过西藏自治区与我国其他省、直辖市、自治区的横向对比；微观则根据对日喀则市定日县西宗乡加盆村的调研情况，分析贫困人群的生活状态。其后根据所收集的数据，从人均GDP、农村人均收入、年度死亡率和小学以下人口所占比例四个方面，对财政支出的减贫效应进行分析，本章的研究结果有以下几项。

第一，随着国家、兄弟省市、西藏自治区财政支持力度的增加，西藏自治区的贫困程度有所缓解，但是依然未改变从宏观与微观层面均处于比较贫困状态的事实。宏观层面，1995~2014年，西藏自治区历年的GDP水平与全国平均值相比都有很大的差距，其中1996年差距最大，全国GDP的平均值是西藏自治区当年GDP的33.70倍；与西部11个省级行政区域的平均值相比，西藏的经济总量也差距明显，其中1996年差距最大，西藏的GDP只是西部地区平均值的6.26%，即使是差距最小的2003年，西藏自治区的GDP也仅占西部平均水平的9.37%，还不到一成。这说明西藏自治区的经济发展在我国乃至西部地区，都处于比较落后的状态。经济发展滞后，是西藏自治区整体贫困的根源。在贫困人口的比例方面，西藏自治区亦位居我国各省级区域前列，2014年扶贫对象占农牧区总人口的比例为13.63%，仍有32.7万人的年收入低于贫困线标准2300元。微观层面，根据对加盆村的调研，年人均收入低于2300

元的贫困户(包括低保和生活较差的人口)在加盆村共有111人,占全村人口的30.92%,而且从调研分析结果看,一个家庭的生育率、死亡率、受教育程度均与家庭的贫困程度有着较强的联系。尤其当贫困家庭无法较好地养育子女以及给家庭中的青少年提供较好乃至基础性的教育条件时,往往会使家庭的贫困继续下去。

第二,西藏自治区的财政支出总体上产生了"减贫"的效果,并且在很多方面促进了西藏各贫困地区整体经济的发展和人民生活水平的提高。从数据上看,1996~2014年的19年间,随着人均公共预算支出的增加,人均GDP和农村人均收入均处于逐步攀升的态势,和人均公共预算支出的总体趋势相同。而对于年度死亡率和小学以下人口所占比例而言,人均公共预算支出越多,这两个变量也呈现出总体下降的态势。经过实证分析,结果表明,人均公共预算支出同人均GDP和农村居民人均收入都存在着显著的正相关性,而与年度死亡率、小学以下人口所占比例在长期存在着负相关的显著关系。公共预算支出的增加,可以促进人均GDP和人均收入的增加,并有效降低西藏自治区的死亡率和小学以下人口占总人口的比例。因此,财政支出在各方面的"减贫效应"明显:促进人均GDP增加,体现出对整体经济的推动作用,即可以通过财政的杠杆力量,刺激整体经济的发展,提高区域的富裕程度,通过经济增长的"涓滴效应"提升减贫效应;促进农村人均收入的增加,体现出对藏区农牧民增收的推动作用,即财政支出可以促使藏区农牧民收入增加,从而提高整个区域的收入水平,使更多的农牧民突破2300元的"贫困线",从而达到收入减贫的效果;财政支出还可以有效降低西藏自治区的死亡率,死亡率体现了一个区域的生活水平和医疗质量,尤其能够反映医疗服务水平,说明财政支出可以改善西藏自治区的医疗服务状况,提高人民的生活质量,这也是从公共服务方面"减贫"的重要体现;财政支出的增加,可以降低小学以下人口占总人口的比例,说明公共预算支出有利于教育的改善,使更多的贫困农牧民家庭的孩子可以获得学习的机会,从而提高整个西藏自治区的人口素质。

第三,西藏自治区的财政支出对各方面"减贫"效应有所不同。财政支出对区域经济整体发展的带动作用高于人均收入。从实证结果可以看出,财政支出对人均GDP的促进效应要大于对农村人均收入的促进效应,即西藏自治区财政支出在促进经济整体发展方面的减贫效应要大于促进农牧民增收方面的减贫效应。简言之,增加财政支出,更有利于推动整体经济的增长,农牧民收入的增加则相对滞后。同时,财政支出对年度死亡率的减贫效应要高于教育事业。人均公共预算支出的增加,可以有效降低西藏自治区的年人均死亡率;与死亡率相比,财政支出对教育的减贫效应虽然存在,但并不突出。人均公共预算增加一个百分点,小学学历以下人口所占的比例仅能降低0.077%左右,甚至不到 0.1％。由此可见，从西藏自治区的实证分析看，财政支出"减贫效果"最好的是人均 GDP(根据相关系数的绝对值)，其次分别为农村人均收入、死亡率和小学以下人口所占比例；从中也可以看出，西藏自治区的财政支出，最有效的减贫效果依然是经济增长，这与我国各地方政府"唯 GDP 论"的发展导向也是有很大关系的，而教育减贫效果较低，不利于西藏自治区减贫的长期性和彻底性。

第四，西藏自治区的研究结果所带来的启示。作为我国的典型贫困地区，西藏自治区的研究结果尤其对我国民族地区具有典型的示范意义。从研究结果看，财政支出存在"重 GDP、轻教育"的特征。说明在扶贫的过程中，地方政府更看重 GDP 这种与自身晋升激励相容的指标，对收入、医疗、教育等公共福利指标的关注较弱。在公共福利指标中，由于教育的长期性，对其投入相对容易受到忽略，因此，教育的不平等是西藏自治区人力资本缺乏的根源，是导致贫困的主要因素，是造成贫困代际传递的关键原因，也是不断"脱贫—返贫"的关键因素。没有良好的教育，不能提高贫困家庭、贫困人口的综合素质，也就无法从根本上彻底使贫困人口通过自身努力摆脱贫困的命运。因此，各级政府在通过财政进行减贫时，必须把提高公共福利放到首位，在促进整体经济发展的同时，着重关注农牧民的增收，并将教育减贫放在减贫工作的中心位置，注重人力资本建设与积累。

第八章 政策建议

第一节 促进贫困地区的发展

在中国减贫过程中,政府是减贫的责任主体和中坚力量,财政支出在减贫过程中起着主导作用,加大减贫的财政支出规模,用好和管理好财政减贫支出资金,是解决贫困问题的前提条件。本节主要从促进贫困地区发展的角度,提出财政支出解决贫困问题的政策和建议。

一、发挥财政支出在脱贫攻坚中的重要作用

财政支出是社会主义新农村建设的主要资金,在改善贫困地区面貌、促进农业发展、增加农民收入方面具有重要作用。国家通过财政等政策,采取了对农村、农民、农业"给予、少取、放活"的方针,通过农资补贴、农机补贴、良种补贴等各种强农惠农政策,加大对农村特色产业的扶持,不断加大"三农"的转移支付力度,推进农田水利基础设施建设,实施农田改造和农业综合开发,提高农业综合生产能力,有效促进了第一产业的稳定增长,稳定了农民的经营性收入。加大农村基础设施建设投入力度,积极推进农村公路、电力、通信、水利等基础设施建设,着力改善农村发展的瓶颈制约,大力改善农村发展环境,提高农村发展能力;加大农村环境综合治理,积极加强农村垃圾处理设施、乡村道路、乡村太阳能路灯等建设;积极推进农村房屋改造,特别是危房改造,加大房屋改造补助力度;加大农民技能培训力度,特别是非农就业技能培训力度,有效提高农民外出务工的就业能力,有效增加农民的工资性收入。中国的贫困区域主要在农村,贫困群体主要是农民,通过财政资金加快社会主义新农村建设的各种举措,可有效改变农村面貌,加快中国贫困人口的减少。

财政支出是教育、卫生、文化等社会事业建设的主要资金,在促进农村贫困地区与少数民族地区基本公共服务均等化方面发挥着重要作用。教育落后是贫困的根本性因素之一,教育特别是义务教育是政府公共服务供给的主要范围,财政资金将农村义务教育全面纳入公共财政范围,积极加大中西部地区教育的支出规模,加大农村的寄宿制学校建设,加大学校校舍改造和重建,提高学校的标准化,推进"两免一补",完善教育救助机制,加大对贫困家庭大学生、普通高中贫困生的救助力度,积极推进普通高中和职业中学免教科书费、

免学杂费，加大对贫困生补助力度，这些措施可以缓解农村贫困地区与少数民族地区的教育资金压力，改善教育教学条件，形成农村义务教育经费保障机制，从而促进贫困地区的教育发展。财政扶贫支出可帮助农村贫困地区和少数民族地区的医疗卫生事业发展，积极推进新型农村合作医疗，加大合作医疗个人缴纳补贴比例，大力改善农村医疗卫生条件，加大乡镇内科、外科、儿科、妇产科等设施配备，完善乡镇医疗卫生体系，有效改善"看不起病、看病难"的问题，提高农村贫困地区与少数民族地区的医疗卫生水平。财政扶贫支出能够加强农村贫困地区与少数民族地区的社会保障事业和就业再就业，大幅提高城镇低保补助水平和扩大保障面，加大对农村特贫户的救助力度，积极推进农村低保制度，加大农村受灾群众保障能力，加大对农村五保户供养，扎实稳步推进农村就业和再就业工作。

二、加大贫困地区的财政转移支付

中国的贫困地区包括我国的农村地区与少数民族地区，主要集中在西藏、新疆、内蒙古、云南、贵州、青海、广西、陕西、四川、宁夏等区域，属于集中连片贫困区。《中华人民共和国民族区域自治法》规定，要加大民族自治地方的财政转移支付，通过一般性财政转移支付和专项财政转移支付以及民族优惠政策财政转移支付等方式，加大民族自治地方的财政投入力度，加快地方经济建设和社会发展。中央八届五中全会提出，到2020年在我国现行贫困标准划分下，所有农村贫困人口实现脱贫，所有贫困县摘帽，全面解决区域性整体贫困问题。《中共中央国务院关于打赢脱贫攻坚战的决定》中提出，要发挥各级政府财政投入在扶贫开发减贫脱贫中的主体和主导作用，加大中央财政对集中连片贫困地区转移支付力度，有效拓展扶贫攻坚资金渠道，促进政府在扶贫脱贫的投入与我国现行脱贫攻坚任务相适应。

着力构建中央和省级对贫困地区经济社会发展扶持的财政体系。中央政府财政支出要把扶贫开发脱贫攻坚任务和促进区域统筹协调发展有机结合起来，按照国务院关于深化预算管理制度改革的决定要求，积极优化转移支付结构，加快完善一般性转移支付制度，持续加大对贫困地区的投资规模，加快构建形成与国家扶贫脱贫攻坚任务相适应的财政扶贫政策体系，各省（自治区、直辖市）根据自身财力情况，确定好重点的财政扶持地区，加大财政转移支付比例，为打赢扶贫脱贫攻坚战提供资金保障。一是加大对贫困地区一般性财政转移性支付的倾斜力度，贫困地区一般都存在较大的财力缺口，自身的财政收入相对支出需求较为有限，国家财政要充分考虑贫困地区的财力缺口因素，适当提高一般性财政转移支付系数，持续加大转移支付水平，特别是对西部落后省市区和集中连片贫困地区的一般性财政转移支付，有效缓解贫困地区的资金缺口和财政压力，保障贫困地区脱贫的资金，提高脱贫能力。二是目前国家正在积极清理和整顿专项转移支付，但一些专项是合法合规的，国家财政专项扶贫资金是专用于扶贫脱贫攻坚的专用资金，要不断提高国家财政专项扶贫资金，并确保每年实现较大幅度的增长，保障对贫困地区的资金支付。三是一些改善民生领域的财政专项，对改善民生、提高贫困户生产生活水平、脱贫致富具有显著作用，国家财政支出要充分考虑普惠性和特惠性的关系，对于教育、医疗卫生、社会保障、公共文化等社会事业和基础设施建设等涉及民生的专项，要更多地向贫困地区给予重点转移和倾斜。

三、加大资金整合力度，扩大扶贫资金规模

贫困地区，特别是集中连片贫困地区尤其是我国少数民族地区要围绕本区域突出的贫困问题，积极编制本区域扶贫脱贫规划，加大扶贫规划引领作用，把区域扶贫脱贫开发与区域经济社会发展紧密结合，大力实施扶贫脱贫项目，加大资金整合力度，积极推进专项扶贫脱贫资金、"三农"资金以及社会帮扶资金等捆绑集中使用，扩大扶贫资金规模，提高资金的使用效率。

积极推进各渠道目标相近、方向类同的各类涉农资金整合，坚持财政涉农资金投入向贫困地区、贫困人口倾斜，集中整合有限财力重点解决好突出贫困问题。加大各类财政涉农资金核准和梳理，进一步明确其来源渠道、资金性质和使用，推进涉农资金中除了有明确规定的防灾救灾资金、疫情防治资金、各种福利资金和惠农政策的各种补贴资金以及有特殊用途的资金外，其余的各类涉农资金包括中央、地方及相关部门安排项目和工程的涉农资金，以及地方配套资金，在继续保持资金用途和渠道不变的基础上，原则上都要进行有效整合，优化资金支出结构，进一步提高涉农资金的使用效率，集中资金解决一些突出的贫困问题。扶贫攻坚需要整合的涉农资金主要有农村农业涉及的基础设施项目和工程资金，包括农村公路、水利、通信、电力等建设资金；社会事业和公共服务涉及的项目和工程资金，包括农村教育文化、医疗卫生、体育健身等公共服务资金；农村特色产业发展项目和工程资金，包括农田水利基础设施、农业林业牧业生产和发展、农业现代化进程、农业综合开发、农业科技推广和应用等资金；农村综合环境治理项目和工程资金，包括以工代赈、垃圾处理、危房房屋改造、厕所牲圈改造、太阳能路灯、村庄环境治理和建设等资金。充分发挥彩票资金扶老、助残、救孤、济困、扶危、扶贫等公益性，加大彩票资金积极投入贫困地区公共服务、扶贫搬迁等领域，加大彩票公益金对扶贫脱贫的支持力度。

国家各部门要统筹协调、服从大局，形成扶贫攻坚合力，推进各部门安排的改善民生、提高生产生活水平的惠民政策以及项目、工程资金等整合，形成

统筹协调的扶贫资金使用方向，推进更多资金向中西部贫困地区和贫困人口倾斜。省(直辖市、自治区)市(地、州)县(区)各级部门也要加大各类资金统筹整合力度，考虑好各区域的投入平衡，提高贫困地区、贫困村、贫困户的投入比例。积极探索东部发达地区对口帮扶贫困地区脱贫致富模式，目前在全国层面已经形成了全国对口支援新疆和全国对口支援西藏的对口帮扶模式，按当地财政收入的实物量的千分之三对口帮扶新疆，按当地财政收入实物量的千分之一帮扶西藏，并且援疆和援藏资金坚持向贫困地区倾斜、向基层倾斜、向农村(农牧区)倾斜，有力地缓解了当地的财政资金压力，提高了扶贫脱贫攻坚能力，加快减贫的步伐。

四、加大财政资金撬动，带动社会资金参与脱贫攻坚

扶贫脱贫攻坚任务重，资金规模需求大，需要财政资金撬动社会资本参与扶贫开发，构建各社会领域广泛参与的大扶贫格局。在扶贫脱贫攻坚社会事业和公共服务等方面，为提高和增强贫困地区公共服务供给能力、提高公共服务供给效率，切实解决贫困地区公共服务供给和质量问题，推进社会资金参与贫困地区公共服务供给，积极推进政府投资和社会资本合作，以购买服务、股权合作、资本注入、特许经营等方式，与社会资本形成各方利益共享、风险共担、社会资本参与的公共服务投资长期合作关系，以拓展和提高社会资本投资参与公共服务建设，缓解贫困地区财政资金压力。

积极推进贫困地区城镇市政设施、交通设施、公共服务项目以及水利设施、新型城镇化试点、生态环境保护和建设等项目推行政府和社会资本合作，主要包括供水设施、供热设施、供电项目、燃气项目、垃圾及污水处理等市政项目，公路、铁路等交通项目；教育培训项目、医疗养老健康项目、旅游服务项目等。

对于贫困地区经营性项目和工程，鼓励采取政府特许经营权的形式，以社会资本建设—运营移交和建设—拥有—运营—移交等模式有效推进，加大吸引社会资本参与项目投资和建设。对于贫困地区准经营性项目和工程，鼓励采用政府授予特许经营权，以进行项目建设补贴或者采取直接投资参股等模式有效推进，以弥补经营收入不足的问题，社会资本可以通过建设—运营—移交和建设—拥有—运营 buiding-owning-operation，两种方式进行。对于非经营项目和工程，主要可以通过政府购买社会资本的服务，即政府付费购买社会资本提供的服务和完成的项目工程，社会资本主要采用建设—拥有—运营、委托运营等方式进行。对于贫困地区，项目的经营性收入往往要比发达地区低，要积极创新政府和社会资本合作模式，加大投融资力度，适当加大政府对社会资本建设的补贴，推进社会资本积极参与贫困地区的建设和发展。

五、消除贫困地区经济社会发展瓶颈制约

基础设施薄弱是中国农村地区与少数民族地区贫困落后的关键所在，中国农村贫困地区与少数民族地区交通、能源、水利、通信等基础设施建设与东南沿海差距较大，甚至还存在未通公路、未通电、移动通信不畅等问题，严重制约了农村贫困地区与少数民族地区的发展。要解决好贫困地区的贫困落后问题，首先要着力解决的就是基础设施的瓶颈制约问题。

第一，支持贫困地区交通基础设施建设。集中连片贫困地区主要集中在中西部的农村地区与少数民族地区，交通不便是贫穷落后的主要因素之一。国家要从交通战略格局上加强贫困地区的交通网络合理布局，国家铁路网、高速公路网规划要充分考虑贫困地区的实际情况，积极支持贫困地区重大交通基础设施建设，加强国家铁路网、国家高速公路网全面覆盖贫困地区，促进贫困地区与东部沿海地区交通互联互通，缓解整个贫困地区的交通制约。加快推进贫困地区的交通枢纽建设，加强贫困边境地区的综合口岸建设，提升贫困地区重要景区、重要城市的交通枢纽功能，国家铁路网、高速公路网要充分考虑贫困地区交通节点和站台建设，有效提升交通运输效率。加大对贫困地区铁路建设和公路建设的财力支持，加大贫困地区农村公路建设力度，继续推行车辆购税的财政收入专项转移政策，加大对贫困地区农村的乡村公路建设专项转移，加大贫困地区乡村公路建设补助标准，在较短时间内基本达到所有的乡镇能够通硬化路，具备条件的乡镇通油路，建制村实现村村通公路，具备条件的建制村实现通硬化路，具备条件的自然村通公路。加快提高贫困地区农村乡村公路等级，加大公路防护，加大贫困地区农村危桥、涵洞改造，改善贫困地区农村的交通条件。

第二，支持贫困地区水利基础设施建设。根据贫困地区水资源分布、地形地貌和生态环境，科学布局贫困地区水利设施，加强水利设施建设，满足人们生产生活需要。加大有条件的贫困地区综合水利枢纽和重大水利工程建设，加强病险水库水闸的险情排查以及除险加固，加强贫困地区重点灌区新建续建配套，积极实施水资源节约和节水改造项目，积极推进灌溉与排水工程配套和灌溉与田间工程配套。加强小型农田水利设施建设，推进贫困地区小水窖、小水池、小塘坝、小水泵、小水渠"五小水利"工程和贫困边境地区小水源、小水电、小罐区、小流域治理和小村镇防洪工程。大力提升贫困地区城镇和乡村供水保障能力，建立和完善饮用水安全保障体系，加强城镇供水水源源头保护工程建设，实施贫困地区农村饮水、村庄供水安全巩固提升工程，推进有条件的贫困地区农村通自来水，加快解决部分缺水贫困农村的供水问题。推进中西部贫困地区抗旱水源工程，加大贫困地区水土流失、河流治理、山洪水灾的治理。

第三，支持贫困地区电力基础设施建设。一些贫困地区缺电仍然是制约其发展的主要因素之一。要大力扶持和加强贫困地区农村电力开发，贫困地区电源点建设重点是因地制宜推进小型水电站建设，具备条件的区域推进地热、太阳能和风能开发。着力加强主电网向贫困地区农村延伸，提高主电网在贫困农村的覆盖面，加大农村电网改造升级，加快输电线路和变压设施建设，逐步推进智能电网，有效提升贫困地区农村供电能力和质量，改变贫困地区农村缺电现象，提高电力的普遍服务水平。

第四，支持贫困地区通信设施和现代物流体系建设。加快贫困地区电信宽带等信息化建设，加大贫困地区电信移动发射塔网点布局，有效消除贫困地区农村电信移动信号盲区，实施网络宽带向贫困地区农村覆盖工程，降低光纤宽带的收费标准，提高贫困地区电信普遍服务水平。加快贫困地区农村物流设施建设，大力发展贫困地区农村物流联系网点，支持城镇物流网点向贫困农村延伸和覆盖，支持邮政、供销合作社以及其他物流企业在农村设立物流网点和提供服务，建设贫困地区农村物流末端网络，大力降低贫困地区农村的物流成本。加大农村农产品网络销售平台建设，支持电商企业积极开展贫困地区农村业务，加大贫困地区贫困家庭开展网络销售的补贴和信贷支持，畅通贫困地区农村提升农产品销往城镇的渠道。

六、促进贫困地区的农业产出增长

发展产业能直接增强区域经济实力和提高当地居民收入，加快贫困地区的产业发展，改善产业发展环境，提高产业发展质量，促进由"输血"型经济向"造血"型经济转变，切实改变贫困落后的局面。

第一，加快贫困地区农业发展。农业是农民经营性收入的主要来源，是稳定农民收入的重要保障，是到 2020 年实现全面建成小康社会目标的基础。加快贫困地区农业发展，主要考虑两个方面：一方面是提高贫困地区农业综合生产能力，另一方面是构建农村向城市销售农产品的现代化网络。

加快提高贫困地区农业综合生产能力。加强贫困地区农业发展的保护，加大财政资金投入力度，积极落实和完善支农惠农各项优惠政策，强化农业在国民经济中的基础地位和农民增收中的稳定器作用。加快贫困地区中低产农田改造，大规模建设有利于增产增收的高标准农田，积极实施农田水利设施工程，提高基本农田的灌溉覆盖面，加大农田条碎分散整理，提高农田规模化生产。加大贫困地区现代农业科技应用和推广力度，大力培育现代农业科技人员，加快建设有利于农业产业化进程的农业产业技术体系，提高贫困地区农业的科技水平。提高贫困地区农机装备补贴标准，扩大农机使用范围，加大主要农作物机耕、机播、机收的机械化应用，提高农业发展的现代机械化水平。大力发展贫困地区特色优势农业，加快推进农业结构调整，要根据自身农业的优势和特色，按照市场需求变化和优质化发展要求，大力发展牧业、林业、渔业等产业，加快调整农业生产结构、加大技术改造、打造优质安全农业产品，加快自身农业特色和优势转化为经济优势和收入。要按照区域化、差异化、优质化的要求，加快现代农业产业示范基地建设，根据自身条件积极建设苹果、核桃、油菜、青稞、马铃薯、野生菌、大豆、玉米、棉花、油料、糖料蔗和奶牛、牦牛、城郊猪禽等产业带，提高规模化和产业化水平。积极推动种养加，鼓励贫困地区发展热作农业和旱作农业以及其他经济农作物。

加强贫困地区农产品销售网络建设。科学规划贫困地区农产品市场流通设施，优化农产品流通市场布局，提升农产品市场的标准化，完善农产品市场体系和促进市场体系转型升级，加强农产品市场设施配套建设，提高农产品市场配套服务。加大贫困地区乡镇农产品批发市场建设，建立和完善农产品由农村向城镇的流通渠道，鼓励农民组建农产品流通合作组织，建设农产品跨县、跨省流通渠道，畅通农产品向城市和向东部发达地区流通的渠道。支持中西部贫困地区重要农产品生产地和产业带仓储物流等设施建设，进一步完善鲜活农产品跨区域运输通道政策，建设和完善跨区域、标准化的农产品冷链物流体系，积极解决农产品生产地冷链物流存在的"最先一公里"问题。加大农产品营销服务，积极降低农产品物流成本，加大农产品与农产品超市、机关学校、农产品批发市场、社区企业、农产品直销店等对接。加大贫困地区农村电子商务发展，提高农产品销售的信息化水平，畅通农产品销往城市的网上通道。鼓励国内电商平台企业在贫困地区开展业务，积极开展"发达地区或城市研发＋贫困地区生产＋发达地区或城市销售"的农产品销售模式。

第二，大力发展贫困地区特色优势产业。科学制定贫困地区特色优势产业发展扶持规划，制定相关专项优惠政策和措施，加大特色优势产业的扶持力度，推进产业加快发展，提高贫困地区经济实力，增加贫困群众的收入。

大部分贫困地区生态环境较好，旅游资源比较丰富，具有发展旅游业的潜力，要科学合理有序开发贫困地区的旅游资源，加大对贫困地区乡村旅游业发展的扶持力度，加大特色旅游产品开发，加快改善旅游基础设施，提高旅游接待和服务能力，大力发展乡村旅游，加快旅游业与特色农业、特色文化产业等其他产业融合发展，打造精品旅游景区和线路，引导贫困群众积极参与旅游设施建设和旅游服务，增加贫困群众收入。在保护生态环境的基础上，稳妥有序地开发贫困地区水电、矿产、油气、煤炭等资源，鼓励大型资源开发型企业积极吸纳本地贫困群众劳动力参与资源开发，通过专业培训和岗位操作成为产业工人；加大资源开发所得收益对当地经济发展和贫困群众的利益分配比例，完善相关制度和规定，提高企业开发占用当地土地资源给予村集体和个人的补助，促进资源型开发带动当地经济发展和贫困群众脱贫致富。加快贫困地区第一产业和第二、第三产业的融合发展，加大贫困地区农产品加工业，大力支持特色绿色青稞、马铃薯、瓜果、油料等农产品加工，积极推进贫困地区特色绿色生物制品、保健制品等食饮品生产加工，延长产业链条，提高产品附加值。支持有条件的贫困地区发展民族手工业，坚持传统和现代结合，发挥传统手工业技艺优势，加强传统手艺的保护，加大传统工艺改造和升级，提高民族手工艺水平，推进民族手工业与旅游业、文化产业融合，增加贫困群众收入。在贫困地区有条件的村实施"一村一品"工程，大力支持劳动密集型产业发展，积极培育贫困地区农村农民合作组织，规范合作社管理和运行，支持带动力强的农业龙头企业发展，加强对贫困人口脱贫减贫带动力。

第二节　提高贫困群体的福利水平

一、加强贫困群体的精准识别与帮扶

加大财政扶贫转移支付能力，重新构建贫困户精准识别体系，争取每一分财政扶贫资金都能直接面对贫困群体，提高贫困地区和贫困人口的生存能力，增加实际收入。中国贫困地区主要集中在中西部的农村地区和少数民族地区，主要分布在山区，具有自然条件相对比较恶劣、发展禀赋比较低、人口和经济承载能力小、人口增长较快、公共服务水平低等特征。西藏自治区贫困县最多，区域内所有县都属于贫困县，共有 74 个；排在第二的是云南省，贫困县达到了 73 个，贵州省、青海省、陕西省、河南省、内蒙古自治区、湖南省、广西壮族自治区、四川省、江西省、安徽省等省市区都存在较大范围的贫困区。贫困群体主要是农民，农民是贫困人口的主体和扶贫攻坚的主要对象。精确识别贫困对象，要制定科学合理的、可行的扶贫脱贫识别办法，建立和制定统一规范的贫困对象识别操作流程，建立和细化贫困对象的识别标准，确定和规定贫困对象申请条件，规范贫困对象相关的评议、公示等程序。对农民人均纯收入水平、劳动力情况、固定资产情况等按照相关指标计算进行量化，识别扶贫对象需要进村入户进行实地调查，深入到农民家里看一看问一问，切实了解农民的贫困情况。提高当地群众对扶贫对象识别的参与积极性，鼓励群众评议甄别扶贫对象，加大贫困对象的事后审查，以确保贫困对象的准确无误。以县为单位，对贫困村和贫困户做好建档立卡，要做到贫困群众有扶贫脱贫卡，贫困村有贫困群众工作卷册，所在乡（镇）有贫困群众详细台账，县（市）有贫困群众档案和电子详情，省级有扶贫脱贫信息网络系统和平台。

二、促进公共服务均等化

财政扶贫资金用于增加贫困地区的教育、医疗，帮助贫困地区、贫困人口提高人力资本水平，提高自身生存能力，发挥直接减贫效果，通过区域途径，提升贫困群体的福利水平。

第一，大力发展教育事业，积极推进教育脱贫。促进贫困地区的教育公平，加大教育投入力度，促进国家教育投入经费向中西部贫困地区倾斜，提高贫困地区的财政教育经费规模。加大公共教育资源合理配置和布局，推进教育资源向贫困农村延伸和覆盖。加大贫困农村教师队伍建设，制定贫困地区教师引进政策，加大优秀教师的引进力度，建立发达地区和贫困地区教师交流机制；实施贫困农村教师素质提升行动，加大贫困农村教师的培训和培养，加大教师补助力度，提高教师待遇，构建一支贫困地区农村素质较高、安心工作、留得下来的教师队伍。加大贫困地区中小学标准化建设，大力改善学校基础设施和办学条件，积极建设寄宿制学校。合理布局贫困地区学校，加大集中办学力度，推进集中办学相关配套建设，促进教育资源向集中办学学校倾斜，加快提高教育集中办学的办学质量，解决好集中办学存在的学生寄宿、学生假期回家、生活费等各种问题。进一步加强贫困地区学前教育资助，推进贫困农村中小学学生营养改善，加大对经济困难学生的帮扶力度，给予高中、职中困难学生免学杂费等帮助。加大对留守儿童的教育帮扶。加大贫困地区职业教育力度。提升人力资本存量，储备人力资本，除了保持现有的义务教育支出，更要增加高等人才培养支出，更要注重"事业留人、感情留人、政策留人"，防止"用脚投票"造成的人才流失。

第二，完善医疗保险以及医疗救助制度。要把因病致贫、因病返贫作为扶贫脱贫攻坚的一项重要工作来抓，推进贫困人口切实享有最基本的医疗公共服务，确保贫困人口身体健康，加大医疗健康扶贫力度。完善贫困地区医疗卫生体系，推进县标准化医院、中心乡镇标准化卫生院和行政村卫生室建设。加快贫困地区县镇、乡镇和行政村卫生服务网络建设，推进城镇优质医疗健康服务向贫困地区延伸。加大贫困地区医疗卫生人才队伍建设，加强乡镇、乡村全科医生培养和培训。完善贫困地区农村医疗保险制度，实行对贫困人口更加优惠的新型农村合作政策以及大病保险制度，提高补助标准和保障水平，加大对贫困人口合作医疗个人缴费部分的补助力度，并加大对医疗卫生支付困难贫困人口推进医疗救助等帮扶，加大对贫困人口重特大疾病的救助。深入开展贫困地区各种疾病的防治工作。

第三，加快文化事业建设。加强贫困地区公共文化设施建设，建立健全县、乡、村三级文化服务体系，建设乡镇文化镇，加快各种优秀的、喜闻乐见的文化资源进村入户。大力实施文化惠民工程，积极开展各种基层文化活动，积极吸引贫困群众参与文化建设，有效通过文化产业发展拓展贫困群众的收入。加大贫困地区文化的传承和保护。

第四，加大科技普及。积极在贫困地区实施一批科技项目，加快科技成果的转化，特别是加快现代农业的科技成果的转化和推广，提高科技服务水平。加大贫困地区科技特派员下乡、下村活动，大力开展科技知识普及，加大贫困地区科学技术培训，加大科学技术知识宣传，倡导健康文明的生活方式，提升贫困地区群众科技意识和水平。

第五，发挥村最低生活保障兜底作用。完善和落实好农村最低生活保障制度，对依靠自身增加收入难度大的贫困户，积极采取政策性最低生活保障兜底，保障贫困群众的基本生活。加大贫困地区农村需要最低生活保障的困难群众的核查，避免出现农村基层乱申报低保情况的发生，力求使符合条件的贫困人口都纳入低保范围，切实用政策兜底解决好难以依靠自身能力致富的贫困人口。加强农村贫困人员国家财政供养支持力度，加强农村孤寡老人、残疾人以及妇女儿童的保障水平。

三、创造条件，拓宽收入来源

广大贫困地区家庭的经营性收入、财产性收入、工资性收入、转移性收入四大收入渠道中，财产性收入很低，主要是贫困农村人口难以通过房屋租赁、土地租赁等获得财产性收入；农民经营性收入受到农业本身的影响，再加上使用传统落后的生产方式，依靠农业生产经营进一步增加收入实现致富的制约较大；财政转移性收入在近年来提高较大，主要是通过农业、农村的各种优惠政策，加大了对农民的转移性支付，但随着各种优惠政策的完善和落实，依靠财政性转移增加农民收入也达到了"天花板"，进一步推进财政性转移增加农民收入的可能性越来越小。因此，通过间接手段扩大收入来源，提升贫困群体的福利水平已成必然。

积极增加贫困人口务工收入是减贫脱贫的重要途径。要加大贫困地区农民非农技能培训，积极推进贫困地区农民就业培训基地和设施建设，依托市（地）、县职业技术学校、就业服务机构和社会保障设施，建立市（地）、县两级培训服务中心和培训基地。实施贫困人口职业技能培训和非农就业技能提升行动，有针对性地加大贫困人口建筑施工、农产品加工、汽车驾驶、贸易运输、餐饮客房服务以及东部发达地区务工实用工种等培训力度。加大贫困人口外出务工的就业服务，加强劳务输出地与劳务输入地的信息对接和交流，加大网络用工市场信息的发布，加大贫困人口劳务输出的组织化程度。建立健全城乡劳动者平等就业制度，加大农民外出务工的法律援助，加大拖欠农民工工资的处罚力度，保护好农民工的合法权益。鼓励贫困人口就近务工，积极吸纳贫困人口参与本地工程建设。

　　鼓励符合条件的农民工在务工地安居落户，加大农民工向城镇市民转变。推进城镇公共服务向农民工延伸和覆盖，保障农民工随迁子女享有当地平等受教育的权利，鼓励农民工参与职工基本养老保险、基本医疗保险等，提高企业缴费农民工参加城镇职工工伤保险、失业保险、生育保险的比例，切实保障农民工权益。

参 考 文 献

蔡昉，都阳，陈凡．2000．论中国西部开发战略的投资导向：国家扶贫资金使用效果的其
　　实[J]．世界经济，(11)：14—19．

陈东．2008．农村公共品的供给效率研究——基于制度比较和行为分析的视角[M]，北京：
　　经济科学出版社．

陈飞，卢建词．2014．收入增长与分配结构扭曲的农村减贫效应研究[J]．经济研究，(2)：
　　101—113．

陈立中．2009．收入增长和分配对我国农村减贫的影响——方法、特征与证据[J]．经济学
　　(季刊)(1)，8(2)：711—726．

陈立中．2012．收入增长和分配对我国农村贫困的影响——方法、特征与证据[J]．经济学
　　(季刊)，2009，(1)

陈琦．2012．连片特困地区农村家庭人力资本与收入贫困——基于武陵山片区的实证考察
　　[J]．江西社会科学，(7)：231—235．

程名望，史清华，Jin Y H．2014．农户收入水平、结构及其影响因素——基于全国农村固
　　定观察点微观数据的实证分析[J]．数量经济技术经济研究，(5)：3—19．

丁维莉，陆铭．2005．教育的公平与效率是鱼和熊掌吗——基础教育财政的一般均衡分析
　　[J]．中国社会科学．(6)：47—57．

董立锋．2009．浙江省城镇贫困问题的统计研究[D]．浙江工商硕士毕业论文．

董艳梅．2014．中央转移支付与欠发达地区财政的关系[M]．北京：社会科学文献出版社．

杜晓山，孙若梅．2000．中国小额信贷的实践和政策思考[J]．财贸经济．(7)：32—37．

樊胜根，张林秀，张晓波，等．2002．中国农村公共投资在农村经济增长和反贫困中的作
　　用[J]．华南农业大学学报(社会科学版)，(1)：1—13．

樊胜根，张晓波，Robinson S．2002．中国经济增长和结构调整[J]．经济学(季刊)，(4)：
　　187—198．

樊胜根．1997．科研投资、投入质量和中国农业科研投资的经济报酬[J]．中国农村经济，
　　(2)：11—17．

高进云，乔荣锋，张安录．2007．农地城市流转前后农户福利变化的模糊评价——基于森
　　的可行能力理论[J]．管理世界，(6)：45—55．

国家统计局．2004．中国统计年鉴[M]．中国统计出版社：123．

国家统计局．2011．中华人民共和国 2010 年国民经济和社会发展统计公报．

国家统计局农村社会经济调查司．2009．中国农村统计年鉴[M]．中国统计出版社．

国务院扶贫办，财政部．2009．贫困村互助资金试点操作指南(试行)．

国务院扶贫开发领导小组办公室．2003．中国农村扶贫开发概要[M]．中国财政经济出版社．

韩克庆，郭瑜. 2012. "福利依赖"是否存在？——中国城市低保制度的一个实证研究[J].
　　社会学研究，(2)：149－167.

黄祖辉，刘西川，程恩江. 2009. 贫困地区农户正规信贷市场低参与程度的经验解释[J].
　　经济研究. (4)：116－128.

黄祖辉，刘西川，程恩江. 中国农户的信贷需求：生产性抑或消费性——方法比较与实证
　　分析[J]. 管理世界. (3)：73－80.

姜爱华. 2007. 我国政府开发式扶贫资金使用绩效的评估与思考[J]. 宏观经济研究，(6)：
　　21－25.

蒋志永，何晓琦. 2006. 中国减贫策略中的微观政策[J]. 经济问题，(5)：22－24.

蒋志永，何晓琦. 2016. 中国减贫策略中的微观政策[J]. 经济问题，(5)5：22－24.

解垩. 2010. 公共转移支付和私人转移支付对农村贫困、不平等的影响：反事实分析[J].
　　财贸经济，(12)：56－61.

莱娜·拉维纳斯. 2014. 21世纪的福利国家[J]. 周艳辉译. 国外理论动态，(7)：8－22.

李卫平，石光，赵琨. 2003. 我国农村卫生保健的历史、现状与问题[J]. 管理世界，(4)：
　　33－43.

李文，汪三贵. 2004. 中央扶贫资金的分配及影响因素分析[J]. 中国农村经济，(8)：44
　　－48.

李小云，董强，饶小龙，等. 2007. 农户脆弱性分析方法及其本土化应用[J]. 中国农村经
　　济，(4)：32－39.

李小云，张雪梅，唐丽霞，等. 2006. 中国财政扶贫资金的瞄准与偏离[M]. 北京：社会
　　科学文献出版社.

李小云，张雪梅，唐丽霞，等. 2006. 中国财政扶贫资金的瞄准与偏离[M]. 北京：社会
　　科学文献出版社.

李亚华. 2013－9－25. 解决失地农民保障问题的几点，http：//www. chinareform. org.
　　cn/Economy/Agriculture/Practice/201309/t20130926_177013. htm.

李永友，沈坤荣. 2007. 财政支出结构、相对贫困与经济增长[J]. 管理世界，(11)：14
　　－26.

李子联. 2013. 中国的收入不平等与经济增长[M]. 北京：经济科学出版社.

林伯强. 2003. 中国的经济增长、贫困减少与政策选择[J]. 经济研究，(12).

林伯强. 2005. 中国的政府公共支出与减贫政策[J]. 经济研究，(1)：27－37.

林毅夫. 2002. 解决农村贫困问题需要有新的战略思路——评世界银行新的"惠及贫困人
　　口的农村发展战略"[J]. 北京大学学报(哲学社会科学版). (5)：5－7.

刘冬梅. 2001. 中国政府开发式扶贫资金投放效果的实证研究[J]. 管理世界，(6)：126
　　－131.

刘冬梅. 2011 中国政府开发式扶贫资金投放效果的实证研究[J]. 管理世界(6)：123－131.

刘文璞. 1999. 中国的贫困与扶贫政策[A]//. 刘溶沧. 中国：走向21世纪的公共政策选
　　择[M]. 北京：社会科学文献出版社：221－237.

刘晓昀，辛贤，毛学峰. 2003. 贫困地区农村基础设施投资对农户收入和支出的影响[J].

中国农村观察，(1)：31－36.

卢峰. 2011. 中国：探讨第二代农村反贫困策略[R]. 北京大学中国经济研究中心(CCER)
　　与世界银行研究院(WBI)"扶贫与发展"系列研讨会述评. CCER网站.

罗楚亮. 经济增长、收入差距与农村贫困[J]. 经济研究. (2).

毛捷，王德华，白重恩. 2012. 扶贫与地方政府公共支出——基于"八七扶贫攻坚计划"
　　的经验研究[J]. 经济学(季刊)，(4)：1365－1388.

钱运春. 2012. 经济发展与陷阱跨越：一个理论分析框架[J]. 马克思主义研究，(11)：87
　　－94.

乔宝云，范剑勇，冯兴元. 2005. 中国的财政分权与小学义务教育[J]. 中国社会科学.
　　(6)：37－46.

帅传敏，梁尚昆，刘松. 2008. 国家扶贫重点县投入绩效的实证分析[J]. 经济问题，(6)：
　　84－86.

汪三贵，李文，李芸. 2004. 我国扶贫资金投向及效果分析[J]. 农业技术经济，(5)：45
　　－49.

汪三贵，李文，李芸. 2004. 我国扶贫资金投向及效果分析[J]. 农业技术经济，(5)：45
　　－49.

王弟海. 2012. 健康人力资本、经济增长和贫困陷阱[J]. 经济研究，(6)：143－155.

王海港、黄少安、李琴，等. 2009. 职业技能培训对农村居民非农收入的影响[J]. 经济研
　　究，(9)：128－139.

王善迈，袁连生. 2002. 建立规范的义务教育财政转移支付制度[J]. 教育研究，(6)：3
　　－8.

西藏县域贫困问题与扶贫模式研究课题组. 2014. 西藏县域贫困问题与扶贫模式研究[R].

谢平，徐忠. 2006. 公共财政、金融支农与农村金融改革基于贵州省及其样本县的调查分
　　析[J]. 经济研究，(4)：106－114.

徐爱燕，黄榕. 客观贫困与主观贫困的测量比较——基于西藏日喀则农牧区的入户调查.
　　工作论文.

徐爱燕. 2014. 中国少数民族地区公共支出与经济增长关系研究——以西藏自治区为例证
　　[J]. 西藏民族学院学报. (6)：39－50.

徐伟，章元，万广华. 2011. 社会网络与贫困脆弱性——基于中国农村数据的实证分析
　　[J]. 学海，(4)：122－128.

徐月宾，刘凤芹，张秀兰. 2007. 中国农村反贫困政策的反思——从社会救助向社会保护
　　转变[J]. 中国社会科学，(3)：50－53.

阎坤，于树一. 2008. 公共财政减贫的理论分析与政策思路[J]. 财贸经济，(4)：61－68.

杨爱婷，宋德勇. 2012. 中国社会福利水平的测度及对低福利增长的分析——基于功能与
　　能力的视角[J]. 数量经济技术经济研究，(11)：3－17，148.

杨爱婷. 2012. 基于可持续发展和福利增长的经济绩效研究[D]. 华中科技大学博士学位
　　论文.

杨爱婷、宋德勇. 2012. 中国社会福利水平的测度及对低福利增长的分析[J]. 数量经济技

术经济研究，(11).

杨国涛. 2009. 中国西部农村贫困演进与分布研究[M]. 北京：中国财政经济出版社.

杨龙，李萌，汪三贵. 2015. 我国贫困瞄准政策的表达与实践[J]. 农村经济，(1)：8
　　−12.

杨晓华. 2009. 中国财政政策效应的测度研究[M]. 北京：知识产权出版社.

叶敬忠，朱炎洁，杨洪萍. 2007. 社会学视角的农户金融需求与农村金融供给[J]. 中国农
　　村经济，2004(8). 31−37.

叶静怡，刘逸. 2011. 欠发达地区农户借贷行为及福利效果分析——来自云南省彝良县的
　　调查数据[J]. 中央财经大学学报，(2)：51−56.

叶普万. 2005. 贫困经济学研究：一个文献综述[J]. 世界经济，(9)：70−79.

袁方，史清华. 2013. 不平等之再检验：可行能力和收入不平等与农民工福利[J]. 管理世
　　界，2013(10)：49−61.

袁连生. 2001. 建立规范的义务教育财政转移支付制度[J]. 国家教育从政学院学报，(1)：
　　28−34.

岳希明，王萍萍，关冰. 2010. 农村扶贫资金效果评估——以扶贫重点县为例[A]//国家
　　统计局农村社会经济调查司. 中国农村贫困监测报告[R]，138−143.

张彬斌. 2013. 新时期政策扶贫：目标选择和农民增收[J]. 经济学季刊，(3)：959−982.

张彬斌. 2013. 新时期政策扶贫——目标选择和农民增收[J]. 经济学(季刊)，(4)：12
　　(3)：959−982.

张车伟. 2003. 营养、健康与效率——来自中国贫困农村的证据[J]. 经济研究，(1)：3
　　−12.

张川川，陈斌开. 2014. 社会养老"能否替代"家庭养老？——来自中国新型农村社会养
　　老保险的证据[J]. 经济研究，(11)：102−115.

张萃. 2011. 中国经济增长与贫困减少[J]，数量经济技术经济研究，(5)：51−63.

张高攀. 2006. 城市"贫困聚居"现象分析及其对策探讨——以北京市为例[J]. 城市规
　　划，30(1)：40−43.

张立军，湛泳. 2006. 金融发展影响城乡收入差距的三大效应分析及其检验[J]. 数量经济
　　技术经济研究，23(12)：73−81.

张立军，湛泳. 2006. 金融发展与降低贫困——基于中国 1994～2004 年小额信贷的分析
　　[J]. 当代经济科学，28(6)：36−42.

张林秀，罗仁福，刘承芳. 2005. 中国农村社区公共物品投资的决定因素分析[J]. 复印报
　　刊资料：农业经济导刊，(11)：76−86.

张清霞. 2008. 浙江农村相对贫困问题研究[M]. 北京：经济科学出版社.

张爽，陆铭，章元. 2007. 社会资本的作用随市场化进程减弱还是加强？——来自中国农
　　村贫困的实证研究[J]. 经济学(季刊)，(2)：540−560.

张巍. 2008. 北京：中国农村反贫困制度变迁研究[M]. 北京：中国政法大学出版社.

张伟宾，汪三贵. 2013. 扶贫政策、收入分配与中国农村减贫[J]. 农业经济问题，(2)：
　　66−75.

张晓玲，卢海元，米红. 2006. 被征地农民贫困风险及安置措施研究[J]. 中国土地科学，20(1)：2—6.

张应禄，邢鹂，袁开智，等. 2009. 农业科技进步的内涵与测定[J]. 中国农业科技导报，(2). 44—48.

张英. 2015. 经济增长不平衡条件下的减贫效应和分配效应研究——以陕西省为例[J]. 经济研究导刊，(5).

赵克勤. 2000. 集对分析及其初步应用[M]. 杭州：浙江科学技术出版社.

赵忠. 2006. 我国农村人口的健康状况及影响因素[J]. 管理世界，(3)：78—85.

周彬彬. 1992. 人民公社时期的贫困问题[J]. 经济研究参考，(3)：39—55.

朱玲，蒋中一. 1994. 以工代赈与缓解贫困[M]. 上海：上海三联书店/上海人民出版社.

Ahluwalia M，Carter N，Chenery H. 1979，Growth and poverty in developing countries[J]. Journal of development econom-ics. (6)：299—341.

Albert，Wang S G，Wu G B. 2002. Regional poverty targeting in China[J]. Journal of Public Economics，86(1)：123—153.

Alderman H，Paxson C . 1992. Do the poor insure? A synthesis of the literature on risk and consumption in developing countries[R]. The World Bank and Woodrow Wilson School，Princeton University，mimeo.

Alston J C，Kang C，Maria M，et al. 2000. A Meta-Analysis of Returns to Agricultural R&D：Ex pede herculem? [R]. Environment and Production Technology Division Research Report 113. Washington，D. C. ：International Food Policy Research Institute.

Anand S，Harris C. 1991. Food and standard of living：An analysis on Sri Lankan data[A]//. J Drèze，A Sen，eds. ，The political economy of hunger，vol. 1，Entitlement and well-being. Oxford：Oxford University Press.

Anand S，Harris C. 1992. Issues in the measurement of undernutrition[M]//. S Osmani，ed. ，Nutrition and poverty. Oxford：Oxford University Press.

Azariadis C，J. Stachurski. 2005. Poverty traps[A]//. P Aghion，S N Durlauf，eds. Handbook of economics growth，volume 1 A，chapter 5.

Balisacan M，Nobuhiko F. 2003. Growth，Inequalitu and Politics Revisited：A Developing-Country Case[J]. Economics letters，79：53—58.

Bardhan P K. 1984. Land，Labor and Rural Poverty[M]. Berkeley：University of California.

Behrman J，Deolalikar A . 1988. Health and nutrition[A]//. T N Srinivasan，P K Bardhan，eds. ，Rural poverty in South Asia. New York：Columbia University Press.

Bhargava A . 1994. Nutritional Status and the Allocation of Time in Rwandese households [M]. Journal of Econometrics，forthcoming.

Binswanger H，McIntire J. 1987. Behavioral and material determinants of production relations in land-abundant tropical agriculture. Economic Development and Cultural Change，36(1)：73—99.

Birdsall N. 1979. Siblings and Schooling in Urban Colombia[D]. Doctoral dissertation(unpub0，

New Haven: Yale University.

Birdsall N. 1980. Population and poverty in the developing world. Staff Working Paper No. 404, Washington, D C: The World Bank.

Bloom D E, Canning D, Sevilla J. 2002. The Demographic Dividend: A New Perspective on the Economic Consequences of Population Change[R]. Santa Monica, CA, RAND.

Bloom D E, Canning D, Sevilla J. 2004. The effect of health on economic growth: A production function approach[J]. World Development, 32:1-13.

Canning D, Bennathan E. 2000. The Social Rate of Return on Infrastructure Investments. Policy Research Working Paper Series 2390[M]. Washington, D. C. : World Bank.

Chambers R, Longhurst R, Pacey A . eds. 1981. Seasonal dimensions to rural poverty[M]. Pinter: London.

Chaudhuri S, Ravallion M . 1994. How well do static welfare indicators identify the chronically poor? [J]. Journal of publicEconomics, 53(3):367-394.

Chuta E, Liedholm C. 1981. Rural Non-farm Employment: A Review of the State of the Art [M]. East Lansing: Michigan State University.

Dandekar V M, Rath N. 1971. Poverty in India. Bombay: Economic and Political Weekly, for Indian School of Political Economy. Reutlinger S. and Selowsky M. 1976. Malnutrition and poverty. Magnitude and policy options. Baltimore: Johns Hopkins University Press for the World Bank.

Danny Q. 1996. Twin peaks growth and convergence in models of distribution dynamics[J]. The Economic Journal, 106:1045-1055.

Dasgupta P, Ray D. 1986. Inequality as a determinant of malnutrition and unemployment: Theory[J]. The Economic Journal, 96:1011-1034.

Dasgupta P. 1993. An Inquiry Into Well-Being and Destitution[M]. Oxford: Oxford University Press.

Datt G, Ravallion M. 1998. Why have some Indian states done better than others at educing poverty? [J]. Economica, 65:17-38.

Deaton A. 1992. Understanding Consumption[M]. Oxford: Oxford University Press.

Dollar D, kraay A. 2002. Growth is good for the poor[J]. Journal of Economic Growth, 7(3):195-225.

Donaldson A J. 2007. Tourism, development and poverty reduction in Guizhou and Yunnan[J]. The China Quarterly, no. 190:333-351.

Drèze J, Mukherjee A . 1989. Labor contraets in rural India: Theories and evidence'[A]//. S Chakravarty, ed. , The balance between industry and agriculture in econornic development 3: Manpower and transfers. London: Macmillan.

Easterlin R, Crimmins E. 1985. The Fertility Revolution: A Supply-Demand Analysis[M]. Chicago: Chicago University Press.

Fabrizio B, Feder G, Gilligan D, et al. 2000. The Impact of the Financial Crisis on the Farm

Sector in Thailand[R]. Working paper, World Bank, Washington, D. C.

Fan S G, Hazell P, Thorat S. 2000. Government spending, agricultural growth, and poverty in rural India[J]. American Journal of Agricultural Economics, 82(4):1038－1051.

Fan S G, Nyange D, Rao N. 2005. Public Investment and Poverty Reduction in Tanzania[R]. No. 18. International Food Policy Research Institute(IFPRI).

Fan S G, Zhang L X, Zhang X B. 2000. Growth, Inequality, and Poverty in Rural China: The Role of Public Investment [R]. IFPRI Research Report No. 125. Washington, D. C.: International Food Policy Research Institute.

Fan S, Throat S. 2007. Public investment and poverty reduction: Lessons from China and India [J]. Economic and Political Weekly, 42(8):704－710.

Fan S, Zhang L, Zhang X. 2002. Growth, Inequality and Poverty in Rural China: The Role of Public Investment[R]. IF-PRI Research Report No. 125

Fan SG, Zhang XB. 2004. Infrastructure and regional economic development in Rural China[J]. China Economic Review, 12:203－214.

Fan SG, Zhang XB. 2008. Public Expenditure, growth, and poverty reduction in Rural Uganda [J]. African Development Review, 20(3):466－496.

Fan SG. 2003. Agricultural research and urban poverty in India[J]. Quarterly Journal of International Agriculture, vol. 42:63－78.

Glewwe P, Der Gaag J. 1990. Identifying the poor in developing countries: Do different definitions matter? [J]. World Development, 18:803－814.

Greer J, Thorbecke E. 1986. A methodology for measuring food poverty applied to Kenya[J]. Journal of Development Economics, 24:59－74.

Haddad L, Kanbur R. 1990. How serious is the neglect of intra-household inequality? [J]. The Economic Journal, 100:866－881.

Haddad L, Kanbur R. 1990. How serious is the neglect of intra-household inequality? [J]. The Economic Journal, 100:866－881.

Haddad L, Kanbur R. 1993. Is there an intrahousehold Kuznets curve? Some evidence for the Philippines[J]. Public Finance, 47(supplement):77－93.

Hagenaars A J M, De Vos K. 1988. The definition and measurement of poverty[J]. The Journal of Human Resources, 23:211－221.

Hagenaars A J M, Van Praag B M S. 1985. A synthesis of poverty line definitions[J]. Review of Income and Wealth, 31(2):139－154.

House W J. 1989. Demography, Employment and Poverty at the Household Level in Urban Juba, Southern Sudan(Population and Labor Policies Programme)[R]. WEP Working Paper No. 168, Geneva: ILO.

Huang J K, Zhang Q, Rozellec S. 2008. Economic growth, the nature of growth and poverty reduction in rural China[J]. China Economic Journa, 1(1):107－122.

Huang S H. 2008. Integrated knowledge-based modeling and its application for classification problems[J]. Journal of Systems Engineering and Electronics,(6):1277−1282.

Huffman S L et al. 1987. Nutrition and fertility in Bangladesh[J]. Population Studies,41(3): 447−462.

Hull T,Hull V. 1977. The relationship of economic class and fertility[J]. Population Studies, 31(1):43−57.

Irfan M . 1989. Poverty,class structure and household demographic behavior in rural Pakistan [A]//. Rodgers(ed.).

Irz X,Thirtle C,Wiggins S. 2001. Agricultural productivity growth and poverty alleviation[J]. Development Policy Review 19(4):449−466.

Kakwani N,Perria E. 2000. What is pro-poor Growth[J]. Asian Development Review,16(1):1 −22.

Kanbur R. 1987. Measurement and alleviation of poverty. IMF Staff Papers,36:60−85.

Kremer M,Onatski A,Stock J. 2001. Searching for prospcrity[R]. NBER Working Paper Series. No. 8250.

Lanjouw P,Ravallion M. 1994. Poverty and household size[R]. Policy Research Working Paper 1332,The World Bank,Washington,D C.

Lanjouw P,Stern N. 1991. Poverty in Palanpur[R]. World Bank Economic Review,23−56.

Lelli S, 2001. Factor Analysis vs. Fuzzy Sets Theory: Assessing the Influence of Different Techniques on Sen's Functioning Approach[R]. CES Disccussion Paper Series. Katholieke Univerwiteit Leuven.

Lipton M . 1983a . Labor and poverty[R]. World Bank Staff Working Paper No. 616, Washington,D C:The World Bank.

Meesook O. 1979. lncome,consumption and poverty in Thailand[R]. Working Paper No. 364, Washington,D C:The World Bank.

Montalvo G J,Ravallion M. 2010. The pattern of growth and poverty reduction in China [J]. Journal of Comparative Economics,38(1):2−16.

Musgrove P. 1980. Household size and composition,employment and poverty in urban Latin America[J]. Economic Development and Cultural Change,28(2).

Nelson J. A. 1993. Household equivalence scales:Theory versus policy? [J]. Journal of Labor Economics,11:471−493.

Osmani S R. 1987. Controversies in Nutrition and Their Implications for the Economics of Food[R]. Wider Working Paper 16,World Institute for Development Economics Research, Helsinki.

Osmani S R. 1991. Wage determination in rural labor markets. The theory of implicit co-operation[J]. Journal of Development Economics,34:3−23.

Park Albert,Wang S G, 2010. Community-based development and poverty alleviation: an evaluation of China's poor village investment program[J]. Journal of Public Economics, (94):790−799.

Parket Albert. 2002. Regional poverty targeting in China[J]. Journal of Public Economics, (10):123—153.

Paul S . 1991. On the measurement of unemployment[J]. Journal of Development Economics, 36:395—404.

Payne P R,Lipton M . 1993. How Third World Rural Households Adapt to Dietary Energy Stress[M]. Washington,D C:International Food Poticy Research Institute.

Psacharapoulos G. 1994. Returns to investment in education: A global update[J]. World Development,22(9):1325—1343.

Quibria M G,Srinivasan T N. 1991. Rural Poverty in Asia:Priority Issues and Policy Options [M]. Manila:Asian Development Bank,mimeo.

Ravallion M . 1987. Markets and Famines[M]. Oxford:Oxford University Press.

Ravallion M . 1988. Expected poverty under risk-induced welfare variability[J]. The Econom&. Journal,98:1171—1182.

Ravallion M . 1993. Poverty comparisons. Fundamentals of Pure and Applied Economics Volume 56,Harwood Academic Press,Chur,Switzerland.

Ravallion M . 2011. A comparative perspective on poverty reduction in Brazil,China,and India [J]. The World Bank Research Observer,26(1)71—104.

Ravallion M,Chen S. China's(uneven)progress against poverty [J]. Journal of Development Economics Elsevier,Vol. 82(1):1—42.

Ravallion M,Huppi M . 1991. Measuring changes in poverty:A methodological case study of Indonesia during an adjustment period[J]. World Bank Economic Review,5:57—84.

Reardon T. Delgado C, Marion P. 1992. Determinants and effects of income diversifica-tion among farmer households in Bukina Faso[J]. Journal of Development Studies,28(2):264 —296.

Rosenzweig M,Schultz T P. 1982. Market opportunities,genetic endowments and intrafamily resource distribution:Child survival in rural India[J]. American Economic Review,72:803 —815.

Rowntree B S. 1901. Poverey:A Study of Town Life[M]. Lodon:Macmillan.

Sahn D. 1989. Seasonal Fluctuations in Factor and Product Markets: Is There A Nutritional Risk?,Pew/Cornell Lecture Series on Food and Nutrition Policy[R]. Ithaca:CorneU Food and Nutrition Policy Programme.

Schofield S. 1974. Seasonal factors affecting nutrition in different age groups[J]. Journal of Development Studies,1t(1):22—40.

Schofield S. 1979. Development and The Problems of Village nutrition[M]. London:Croom Helm.

Schultz T P. 1988. Education investments and returns,in:Chenery and Srinivasan.

Schultz T W. 1981b. Economics of Population[M]. New Haven:Addison Wesley.

Sen A . 1973. On Economic Inequality[M]. Oxford:Clarendon Press.

Sen A . 1985. Well-being,agency and freedom[J]. Journal of Philosophy,(82):169—221.

Sen A . 1992. Inequality Reexamined[M]. Oxford:Oxford University Press.

Sen A . 1996. Freedom,Capabilities and public action:a response[J]. Notizie di Politeia,(12):107—125.

Singh I J. 1990. The Great Ascent:The Rural Poor in South Asia[M]. Baltimore:Johns Hopkins University Press.

Stoeckel J,Chowdhury A . 1980. Fertility and socio-economic status in rural Bangladesh[J]. Population Studies,34(3):519—524.

Stoesz D,Saunders D. 1999. Welfare capitalism:a new approach to poverty policy? [J]. Social Service Review,73. (3):380—400.

Sundaram K,Tendulkar S D. 1988. Towards an explanation of interregional variations in poverty and unemployment in rural India'//Srinivasan and Bardhan.

Todaro M P. 1969. A model of labor migration and urban unemployment in less developed countries[J]. American Economic Review,59:138—148.

Udall A. and Sinclair S. 1982. The luxury unemployment hypothesis:A review of evidence, World Development,10(2):49—62.

Van Zon A H,Muysken J. 2001. Health and Endogenous Growth[J]. Journal of Health Economics,20:169—185.

Visaria P. 1977. Living Standards,Employment and Education in Western India[R]. Working Paper 1,ESCAP/IBRD Project on Asian Income Distribution Data,Washington,D C:The World Bank.

World Bank . 1991d. Nepah Poverty and incomes [R]. A World Bank Country Study, Washington,D C

World Bank . 2001. World Development Report 2000/2001:Attacking Poverty[R]. Washington D C:World Bank.

附 录 1

问卷编码_____

"西藏县域贫困问题与扶贫模式研究"
课题住户调查问卷

调查员_____联系电话_____ 调查时间：2012 年_____月

尊敬的被调查者，您好，我们是西藏大学经济与管理学院"西藏县域贫困问题与扶贫模式研究"课题组的老师/学生，本调查资料将用于分析西藏贫困现状及成因，以期早日消除农牧区贫困，改善农牧民生产、生活条件，提高农牧民收入，加速边远地区新农村建设和小康社会建设的步伐。我们郑重承诺，此项调查仅为学术研究，谢谢您的配合！

请以家庭户为单位认真选择或填写。可做多项选择。

1. 家庭地址_____县 _____乡 _____村
2. 户主姓名_____，年龄_____岁
3. 户主性别（   ）
   ①男　　②女
4. 户主婚姻状况（   ）
   ①未婚　②已婚　③离婚　④再婚　⑤丧偶　⑥其他_____
5. 户主民族（   ）
   ①藏族　②蒙古族　③回族　④土族　⑤满族　⑥其他_____
6. 户主文化程度（   ）
   ①本科及以上　②大专　③中专　④高中　⑤初中　⑥小学
   ⑦文盲半文盲
7. 户主宗教信仰（   ）
   ①佛教　②伊斯兰教　③基督教　④道教　⑤天主教　⑥其他_____
8. 户籍类型（   ）
   ①城镇　②农牧

9. 您家所在地区类型（　　　　）

　　①山区　　②平原　　③草原　　④边境　　⑤其他_____

10. 您家属于本地的（　　　　）

　　①好　　②中　　③中下　　④低保　　⑤差　　⑥其他

11. 人口结构

人口	男性		女性	
	从事农业/人	从事非农业/人	从事农业/人	从事非农业/人
0~15岁				
16~25岁				
25~50岁				
51~60岁				
61岁以上				

政治面貌	团员		党员				团员		党员			

教育程度	本科及以上	大专	中专/职高	普高	初中	小学	文盲半文盲	本科及以上	大专	中专/职高	普高	初中	小学	文盲半文盲

12. 您家人员从事的主要行业类型（　　　　）

　　①种植业_____人　　②畜牧业_____人　　③林业_____人

　　④渔业_____人　　⑤手工业_____人　　⑥建筑业_____人

　　⑦运输、商业饮食等服务业_____人

　　⑧边境贸易_____人　　⑨其他_____人

13. 2011年您家的总收入大概有（　　　　）元（包括政府补贴和社会救济）

　　①3000以下　　　　②3000~4200　　　　③4200~6000

　　④6000~7000　　　　⑤7000~9200　　　　⑥9200~11000

　　⑦11000~32000　　　⑧32000以上

14. 2011年您家的人均纯收入（　　　　）元

　　①低于700　　　　②700~1300　　　　③1300~1500

　　④1500~1700　　　　⑤1700~2300　　　　⑥2300~2900

　　⑦2900~8000　　　⑧ 8000以上

15. 如果您家是贫困家庭，难以脱贫致富的主要原因有（　　　　）（可多选）

　　①疾病或工伤　　　　②教育费用　　　　③建房或结婚负债

　　④劳动力少　　　　⑤自然灾害及自然条件差　　⑥土地少

　　⑦文化水平低　　　　⑧厌恶劳动或生活消极　　⑨缺少资金技术信息等

⑩市场(销路)　　　　　　⑪政策　　　　　　⑫交通

⑬其他_____

16. 如果您家是富裕家庭,致富经验(　　　　　)

①开源节流　　　　　　②拥有技能　　　　　　③拥有知识

④多种经营　　　　　　⑤联产　　　　　　⑥加工增值

⑦劳务输出　　　　　　⑧其他_____

17. 您家的收入情况跟前几年相比(　　　　　)

①有很大进步　　　　　　②有一些提高　　　　　　③没有变化

④变得更差

18. 您对您家现在的收入状况(　　　　　)

①非常满意　　　　　　②比较满意　　　　　　③没有意见

④不满意

19. 2011 年您家的总支出为(　　　　　)元

①3000 以下　　　　　　②3000~4200　　　　　　③4200~6000

④6000~7000　　　　　　⑤7000~9200　　　　　　⑥9200~11000

⑦11000~32000　　　　　　⑧ 32000 以上

20. 您家宗教开支每年大概有_____元

21. 您家现在是否有负债(　　　　　)

①是　　　　　　②否(跳至第 23 题)

22. 负债原因及金额(　　　　　)

①医疗_____元　　　　　　②教育_____元　　　　　　③建房_____元

④其他_____元

23. 您家是否享受小额贷款优惠政策(　　　　　)

①是,_____(请标明实际金额及用途)　　②否

24. 您家对政府给予贫困家庭的优惠政策(　　　　　)

①非常了解　　　　　　②比较了解　　　　　　③不了解

25. 您认为政府的优惠政策对您家的帮助(　　　　　)

①非常大　　　　　　②比较大　　　　　　③很少

④没有任何作用

26. 您及家人是否愿意参加政府/社区组织的技能培训(　　　　　)

①非常愿意　　　　　　②愿意但没有时间　　　　　　③不愿意

④无所谓

27. 当地政府是否组织您们参加技能培训(　　　　　)

①是　　　　　　②否(跳至第 29 题)

28. 您及家人参加过政府组织的培训有(　　　　　)(可多选)

①农民工外出就业培训_____人　　　　②养殖业培训_____人

③种植业培训_____人　　　　④手工业培训_____人

⑤"阳光工程"培训_____人　　　　⑥出国务工培训_____人

⑦建筑业培训_____人　　　　⑧林业培训_____人

⑨旅游从业培训_____人　　　　⑩农牧民服务技能培训_____人

⑪其他_____人。

29. 您及家人是否愿意自费参加技术、服务及就业培训(　　　　)

　　①愿意，_____ _____(曾参加过的或即将打算参加的培训项目)

　　②不愿意　　　　③愿意但没有时间　　　　④无所谓

30. 您及家人是否享受就业援助政策(　　　　)

　　①是，_____(请注明情况)　　　　②否

31. 您及家人平常是否阅读报纸杂志(　　　　)

　　①是　　　　②否(跳至第33题)

32. 阅读途径是(　　　　)

　　①自己订阅　　　　②向亲朋借阅　　　　③在报栏阅读

　　④在农家书屋阅读

33. 您家生产的粮食(　　　　)

　　①除家庭生活所需外有盈余　　　　②基本能满足家庭生活所需

　　③不够家庭消费(跳至第35题)

34. 您处理盈余粮食的主要途径是(　　　　)

　　①自售　　　　②政府组织销售　　　　③政府收购

　　④经合组织收购　　　　⑤馈赠　　　　⑥酿酒

　　⑦加工成特色产品后出售⑧通过边境贸易市场出口

35. 您家种植粮食时是否使用化肥(　　　　)

　　①是　　　　②否

36. 您家在从事农牧生产过程中是否有农技人员教授种植/养殖技术(　　　　)

　　①是　　　　②否(跳至第39题)

37. 您认为农技人员对您家增产增收的作用(　　　　)

　　①非常有益　　　　②作用不大　　　　③没作用

38. 您认为农技人员的工作态度(　　　　)

　　①非常认真　　　　②认真　　　　③一般化

　　④不友好　　　　⑤恶劣

39. 您家养殖的牲畜(　　　　)

　　①仅满足自我消费　　　　②除自我消费外，大部分出售

　　③馈赠　　　　④换取粮食或其他所需物品

⑤加工成特色产品后出售

40. 您家的畜产品主要用于（　　　　）
　　①满足家庭消费　　　　　②出售　　　　　　　　③馈赠
　　④换取粮食或其他所需物品
　　⑤加工成特色产品后出售（如奶渣）

41. 您家销售牲畜及畜产品的方式（　　　　）（可多选）
　　①自售　　　　　　　　②政府组织销售　　　　③政府收购
　　④公司/经合组织收购　　⑤通过边境贸易市场出口

42. 从您家到市场的道路状况（　　　　）
　　①机耕道　　　　　　　②羊肠小道　　　　　　③乡村公路
　　④柏油公路　　　　　　⑤其他_____

43. 从您家到市场可能采取的交通方式（　　　　）（可多选）
　　①公共汽车直达　　　　②骑自行车　　　　　　③骑马
　　④骑摩托车　　　　　　⑤步行　　　　　　　　⑥其他_____

44. 您家是否有电话（　　　　）
　　①有，其中手机_____个，座机_____个　　②无

45. 您家是否有电视机（　　　　）
　　①有，能收到_____个频道　　　　　　　　②无

46. 您家是否有电脑（　　　　）
　　①有　　　　　　　　②无

47. 您家是否通网络（　　　　）
　　①是　　　　　　　　②否

48. 您及家人平常是否上网（　　　　）
　　①是　　　　　　　　②否

49. 您及家人农闲时（　　　　）（可多选）
　　①外出务工　　　　　②朝佛　　　　　　③参加乡村组织的文艺活动
　　④手工编织　　　　　⑤其他_____

50. 您家住房主要建筑类型是（　　　　）
　　①木棱房　　　　　　②砖瓦石房　　　　③土坯房
　　④钢筋水泥房　　　　⑤其他_____

51. 您家住房建筑面积（　　　　）m²
　　①80以下　　　　　　②80～120　　　　③120～160
　　④160～200　　　　　⑤200～240　　　　⑥240以上

52. 您家住房取暖设施（　　　　）
　　①炉子　　　　　　　②火炕　　　　　　③土暖气

④火塘　　　　　　　　⑤其他_____

53. 您家饮用水（　　　）
　　①自来水　　　　　　②水窖水　　　　　　③井水
　　④河湖水

54. 您家做饭主要燃料是（　　　）
　　①煤气液化气　　　　②电　　　　　　　　③牛粪
　　④木柴　　　　　　　⑤沼气　　　　　　　⑥太阳能
　　⑦其他_____

55. 您家农业水源（　　　）
　　①湖泊水库水　　　　②降雨　　　　　　　③井水
　　④河流水　　　　　　⑤泉水　　　　　　　⑥其他_____

56. 您及家人的身体健康状况（　　　）
　　①健康_____人　　②慢性疾病_____人
　　③地方病_____人　　④重病_____人
　　⑤遗传病_____人（A=血液病　B=先天性残障　C=糖尿病　D=高血压）
　　⑥其他_____人

57. 您及家人生病后选择治病的途径（　　　）
　　①乡村诊所就医　　　②地市医院就医　　　③自己到药店买药
　　④到寺庙或请高僧到家驱灾祈福

58. 您家是否参加农村医疗保险（　　　）
　　①是_____元（人年缴纳金额）　　　　　②否

59. 您家的医疗费用（　　　）
　　①全部报销　　　　　②部分报销　　　　　③全部自费
　　④救助

60. 您家是否参加养老保险（　　　）
　　①是，_____元（人年缴纳金额）　　　②否

61. 家庭成员
　　①长期饮酒_____人　②偶尔饮酒_____人　③不饮酒_____人

62. 家庭成员
　　①长期吸烟_____人　②偶尔吸烟_____人　③不吸烟_____人

63. 您送孩子上学的意图是（　　　）
　　①尽父母的义务　　　②为了孩子将来能出人头地
　　③孩子自己想上学　　④子女学问高可以给家里带来荣耀
　　⑤义务教育必须　　　⑥子女毕业后可以为家里带来更多的收入

64. 您及家人在以下哪些方面曾经受到歧视（　　　）

①求职 　　　　　②求学 　　　　　③就医

④工作 　　　　　⑤消费　住房

65. 如果做生意或者做事情，您家会选择（　　　　　）。

①自己家独自做 　　　②与亲戚合作 　　　③与朋友合作

④与同学合作 　　　　⑤与同事合作 　　　⑥与邻居合作

⑦与领导合作

66. 您家觉得现在政府给予的扶贫优惠政策是否充足（　　　　　）

①充足，可以保障我们的生活需要　　②很多，但不能满足我们的生活需要

③没有意见 　　　　　　　　　　　④不够，应该加大力度

67. 您家得知一些关于教育、医疗、保险、住房、求职等方面的优惠政策和信
息，是否会与他人分享（　　　　　）

①经常 　　　　　　②有时 　　　　　　③很少

④从不

68. 若有，一般和谁分享（　　　　　）

①亲戚 　　　　　　②朋友 　　　　　　③同学

④邻居 　　　　　　⑤领导 　　　　　　⑥其他

随谈

1. 您对国家给予的一些优惠政策和补助措施有何看法？对您有哪些好处？

2. 当地有哪些特色、特产？这些特产是怎么生产销售出去的？是否都得
到了市场的认可？

3. 您对当地走向富裕有何看法和建议？是否想过尝试用自己的努力去改
变贫困的状况？（举出与本地资源有关的走向致富之路的例子）

4. 您对于改善您的生活状况有什么可行性建议或者想法？您需要哪些
帮助？

5. 您的村长/县长有没有对改善当地贫穷采取过措施？如果有，请举例
说明。

6. 近十年来，政府对您们当地扶贫的具体情况（现金或实物）。

7. 对您的家庭扶贫的具体措施（现金或实物）。

8. 您认为这种做法有没有改善你们的生活状况？

9. 若政府现在拨款 2 万元给您家，您将会用来做什么？

10. 您认为政府是否应该每月给你们一定的现金补助？为什么？若需要则
多少合适？持续多久？为什么？

谢谢合作！祝您愉快！扎西德勒！

附录 2 回 归 结 果

回归结果	模型1	模型2	模型3	模型4	模型5	模型6	模型7	模型8	模型9	模型10	模型11
小学初中及以上	0.615 * (0.318)										0.601 (0.430)
	−0.373 (0.433)										−0.119 (0.620)
平原边境		−0.497 (0.337)									−0.250 (0.538)
		−1.062 *** (0.381)									−0.247 (0.680)
第二产业			−0.682 (0.505)								−0.396 (0.613)
第三产业			−0.806 (0.741)								−1.247 (0.855)
其他			−0.943 ** (0.392)								−0.975 * (.586)
3~4 人				0.116 (0.404)							0.363 (0.495)
5~6 人				−0.122 (0.417)							−0.084 (0.501)
7 人及以上				0.579 (0.487)							0.147 (0.598)
乡村干部					−0.019 (0.418)						0.432 (0.613)
自费培训						−0.321 ** (0.130)					−0.047 (0.178)
收入满意程度							−0.618 *** (0.168)				−0.586 (0.234)
政府优惠政策了解程度								−0.418 ** (0.204)			−0.341 (0.362)
是否负债									1.019 *** (0.300)		1.066 ** (0.444)
到市场路况乡村公路、柏油公路										−0.502 (0.362)	−0.665 (0.607)

回归结果	模型 1	模型 2	模型 3	模型 4	模型 5	模型 6	模型 7	模型 8	模型 9	模型 10	模型 11
常数项	0.788 *** (0.200)	1.398 *** (0.244)	1.221 ** (0.178)	0.887 *** (0.318)	0.968 *** (0.150)	1.716 *** (0.350)	2.393 *** (0.431)	1.757 *** (0.419)	0.375 * (0.226)	1.365 *** (0.23)	3.047 *** (0.955)
极大似然	280.903	278.939	252.113	278.394	286.187	279.309	268.244	282.566	270.069	280.926	203.142
比拟 R^2 值	0.035	0.046	0.084	0.016	0.000	0.037	0.086	0.025	0.068	0.012	0.278

注：*、** 和 *** 分别表示在 10%、5% 和 1% 水平上显著

变量说明如下：

文化程度：1. 文盲、半文盲 2. 小学 3. 初中及以上（以文盲、半文盲为参照）

地区类型：1. 山区 2. 平原 3. 边境（以山区作为参照）

家庭主业：1. 第一产业 2. 第二产业 3. 第三产业 4. 其他（以第一产业为参照）

家庭规模：1.1~2 人 2.3~4 人 3.5~6 人 4.7 人及以上（以 1~2 人为参照）

到市场路况：1. 机耕道、羊肠小道 2. 乡村公路、柏油公路（以机耕道、羊肠小道为参照）

附录3 2001年国家级贫困县名单

省(自治区)	贫困县数量	贫困县县名
黑龙江	11	明水、林甸、青冈、延寿、泰来、甘南、克东、抚远、同江、杜尔伯特、桦南
辽 宁	9	朝阳、建昌、建平、新宾、义县、喀左、康平、岫岩、桓仁
河 南	28	平舆、台前、新蔡、新县、商城、信阳、罗山、淮滨、宁陵、鲁山、睢县、虞城、伊川、上蔡、南召、确山、宜阳、洛宁、固始、卢氏、栾川、嵩县、淅川、光山、桐柏、汝阳、新安、渑池
河 北	40	青龙、魏县、献县、广宗、武强、涉县、涞源、蔚县、崇礼、万全、康保、尚义、张北、沽源、赞皇、临城、巨鹿、广平、灵寿、顺平、平山、阜平、丰宁、围场、平泉、隆化、滦平、宽城、赤城、怀安、阳原、东光、南皮、孟村、易县、大名、海兴、盐山、武邑、(涿鹿县赵家蓬区)
内蒙古	31	托克托、清水河、准格尔、奈曼、敖汉、乌审、武川、化德、商都、达茂、固阳、宁城、多伦、伊金霍洛、杭锦、鄂托克前、巴林左、巴林右、克什克腾、察右前、察右中、太仆寺、四子王、林西、和林、扎赉特、喀喇沁、库伦、察右后、科右中、翁牛特
吉 林	5	汪清、镇赉、大安、通榆、靖宇
浙 江	3	文成、泰顺、景宁
福 建	8	寿宁、屏南、柘荣、长汀、周宁、武平、连城、上杭
山 东	10	沂南、平邑、沂水、蒙阴、费县、泗水、沾化、庆云、冠县、莘县
山 西	35	右玉、岢岚、静乐、河曲、五寨、保德、岚县、榆社、柳林、方山、广灵、天镇、平陆、偏关、娄烦、中阳、沁源、五台、石楼、神池、临县、沁县、平顺、兴县、武乡、大宁、永和、灵丘、万荣、阳高、夏县、闻喜、离石、垣曲、繁峙
湖 北	25	英山、红安、麻城、罗田、大悟、郧县、郧西、竹山、竹溪、来凤、恩施、阳新、秭归、蕲春、孝昌、长阳、建始、鹤峰、利川、咸丰、宣恩、巴东、房县、神农架林区、丹江口市
湖 南	10	永顺、保靖、平江、桑植、新化、沅陵、花垣、安化、隆回、新田
广 东	3	陆河、乳源、阳山
广 西	49	乐业、德保、那坡、凌云、巴马、龙州、平果、大化、马山、田林、忻城、隆安、田东、融水、南丹、三江、金秀、环江、东兰、西林、天等、都安、隆林、天峨、龙胜、罗城、靖西、凤山;自治区级贫困县有防城、上思、东兴、凭祥、上林、扶绥、崇左、大新、宁明、象州、融安、灌阳、资源、恭城、昭平、蒙山、富川、百色、田阳、河池、宜州
海 南	5	通什、陵水、保亭、琼中、屯昌

省(自治区)	贫困县数量	贫困县县名
贵 州	48	从江、纳雍、沿河、织金、六枝、大方、务川、赫章、盘县、雷山、台江、丹寨、荔波、独山、息烽、天柱、习水、正安、普安、水城、兴仁、威宁、黄平、关岭、三都、印江、普定、德江、册亨、晴隆、贞丰、麻江、榕江、石阡、三穗、岑巩、罗甸、紫云、剑河、望谟、松桃、长顺、镇宁、施秉、平塘、凤冈、安龙、黎平
云 南	73	镇雄、彝良、巧家、禄劝、红河、西盟、墨江、鲁甸、永善、会泽、寻甸、龙陵、云龙、剑川、镇沅、孟连、中甸、泸水、绿春、元阳、福贡、西畴、富宁、武定、贡山、双柏、云县、镇康、马关、永仁、盐津、金平、富源、腾冲、泸西、临沧、德钦、维西、宁蒗、江城、屏边、漾濞、南涧、大关、丘北、绥江、南华、砚山、大姚、弥渡、昭通、施甸、东川市辖区、广南、澜沧、双江、沧源、巍山、祥云、永平、牟定、永德、凤庆、姚安、石屏、威信、景东、宾川、洱源、文山、昌宁、兰坪、麻栗坡
安 徽	17	金寨、霍山、岳西、颍上、潜山、太湖、寿县、临泉、阜南、宿松、枞阳、舒城、利辛、无为、长丰、霍邱、六安
江 西	18	兴国、寻乌、会昌、于都、广昌、余干、宁冈、横峰、遂川、修水、宁都、上犹、赣县、上饶、波阳、永新、莲花、安远
四 川	43	酉阳、石柱、黔江、彭水、仪陇、阆中、渠县、雷波、普格、木里、喜德、古蔺、忠县、盐源、叙永、巫溪、黑水、苍溪、南部、广安、城口、旺苍、通江、南江、秀山、云阳、兴文、得荣、壤塘、武隆、巴塘、乡城、越西、宣汉、白玉、布拖、金阳、朝天区、天城区、五桥区、昭觉、美姑、嘉陵区
陕 西	50	清涧、府谷、紫阳、吴堡、丹凤、镇安、蓝田、宁强、西乡、绥德、填坪、延川、洛南、宜君、长武、合阳、略阳、延安、延长、神木、安塞、子长、白河、岚皋、耀县、蒲城、旬邑、永寿、安康、铜川市郊区、宁陕、山阳、镇巴、榆林、商南、麟游、佳县、定边、汉阴、柞水、淳化、米脂、彬县、志丹、横山、商州、子洲、吴旗、靖边、宜川
甘 肃	41	宕昌、武都、舟曲、岷县、礼县、庆阳、陇西、渭源、西和、文县、甘谷、武山、清水、和政、静宁、平川区、东乡、积石山、张家川、卓尼、漳县、靖远、永登、临夏、临潭、康乐、天祝、广河、康县、景泰、榆中、定西、临洮、庄浪、秦安、通渭、永靖、会宁、华池、环县、古浪
西 藏	5	察雅、嘉黎、索县、南木林、定日
青 海	14	化隆、循化、同仁、班玛、囊谦、民和、大通、达日、治多、平安、湟源、泽库、玉树、杂多
宁 夏	8	西吉、固原、海原、同心、隆德、泾源、盐池、彭阳
新 疆	25	柯坪、疏附、皮山、墨玉、托里、木垒、策勒、于田、巴里坤、疏勒、岳普湖、阿克陶、洛浦、塔什库尔干、阿图什市、英吉沙、尼勒克、福海、阿合奇、乌恰、民丰、和田县、和田市、叶城、乌什

后　记

　　我一直觉得自己是个运气特别好的人，关键时刻总有"贵人"相助以及上苍的眷顾。为此，我一直心怀感恩……

感谢

　　2001年大学毕业后我选择了西藏大学，从事我喜爱的教育事业。我一直安于做一名学生喜欢的老师，有大部分的学生喜欢听我的课，平时又有很多学生愿与我交流学习、生活的问题，我们亦师亦友，生活安乐而祥和，在我们这个群体中我自认为不是落伍者，就已足矣。本以为这样的生活，会陪伴我剩下的职业生涯，直到2008年学院来了位援藏的院长——对外经贸大学的齐天翔教授。看着一群学院来去的老师们，不知为何他就"相中"了我，觉得我还是"有药可救"的，在工作中经常支持我鼓励我，并给了我考博的建议。初听到这个"提议"我很惊讶，直接否决了，我都30岁了，干吗跟自己过不去？说实话我也觉得自己不是一块做学术的料，两年里齐教授多次找我谈话，鼓励我考博，让我对未来的职业定位有了一定的改变，所以对考博也有了那么一点点的心动，但却毫无信心。2011年3月来南京考试，空气中雨丝的味道至今还萦绕在我的记忆中，犹如我当时的心情。

　　我的运气是极好的，后来的"惊喜"让我不得不感谢上苍的再一次眷顾。在南京大学遇到了我的恩师沈坤荣教授，是他给了我来南京大学学习的机会，但对于博士生的学习生活我依然很茫然。以前学过的东西已经忘得差不多了，新鲜的东西很多都未接触过，让愚笨的我更添沮丧。犹记得第一次拜访沈老师，他指着厚厚一叠学生论文对我说："你看看，这些文章写得都很不错，都是他们来这儿学习后不久写出来的，他们在毕业前都能发表一流的文章，你以后也可以的。"沈老师的话让我觉得特别亲切、特别感动，很受鼓舞，无论怎样我也会比以前有进步吧！对于能写出那样的文章我也有了期许。在南京大学学习的几年，沈老师不管是在生活上还是在学业上都给予了我特别的关心、理解与支持。我觉得自己最大的进步来源于沈老师的导师方向课。其一，每次上课老师总是把学生的论文拿上来，从头到尾提出修改意见，甚至一个字一个字地进行修改。其二，每次上课老师总要对研究的前沿问题给我们作详细介绍，给我们很多写作的启发和灵感。尽管我未能将吸收的内容转化为生产力，有负师恩，但恩师渊博的学术修养、严谨的治学态度，却为我的教师生涯带来了很多启发。其三，从小论文到博士论文的开题再到后来的写作过程，每一步都离不开沈老师的悉心指导。对于自己的缓慢进步，我真是懊恼沮丧得没办法，特别是在南京大学学习的中期，觉得自己不管是家庭、学业还是事业均不尽如人意，甚至萌发了放弃读博的念头，沈老师依然鼓励我，从思想上给我减负，让我感动并深受鼓舞。我在南京大学的几年，还受到了其他名师专家的引导、高端论坛的熏陶，使我的理论功底与学识修养得到了很大的提升，对别人来讲这样的进步可能是不够的，可对我来讲真是意外。一声"谢谢"怎能道尽我心中对恩师的感激！

感谢南京大学经济学院的各位老师们，洪银兴教授、梁东黎教授、葛扬教授、杨德才教授、夏海勇教授、张涤新教授、黄繁华教授、郑江淮教授、李晓春教授、孙宁华教授……你们严谨而和善；感谢耿强老师、李剑老师、吴福象老师、郑东雅老师、史先诚老师、谢建国老师、韩剑老师、皮建才老师……你们谦虚而博学。所有老师的学术造诣、师德师范师品将使我终身受益。

感谢博学的李子联、多才的巩师恩、幽默的盛天翔、率性的顾元媛、温情的李蕊、执着的周密、安心的郑安、睿智的郭新茹、温柔的朱文静等师兄师姐在我初入南京大学时的指引，感谢胡育蓉、齐结斌、王洪涛、王晶晶、管陵、顾纯磊、丁平、孙俊、陈启斐、吴建军等同学在学习上的启发与生活中的陪伴，感谢贴心的黄榕、内敛的李怀建、机智的滕永乐、温暖的张兴龙、善良的余红艳、稳重的吕大国、热情的贺晓宇、好学的伦晓波、可爱的金刚等同门一直不遗余力地帮助与鼓励，太多太多的给予，感谢上苍让我在这儿遇见了你们，给了我更多的力量与勇气走完博士生涯、完成博士论文。

感谢西藏大学的领导和同事们，给我机会出来学习并给予我无限多的便利与支持，特别是央珍副校长、罗华部长、图登克珠处长、杨斌院长、扎西书记、多吉书记、占堆、久毛措、贡秋扎西、师晓娟、侯霞、罗英、李原、黄菊英、周娜、旺宗、孙红云、邵青红、谢红、德吉央宗、普布次仁、赵智文、李辉、美郎宗贞、庞洪伟、朱华鹏、李国栋、曹志敏、周蓉、罗明老师等。

感谢我的朋友们，安玉琴我人生的导师，智慧博学、做事严谨认真让我深受启发，温暖的关怀与鼓励陪我走过一个个沮丧的日子；怀念并期待我们煮一壶咖啡、泡一杯茶度过的那些畅意人生的日子；朱江丽生活中时常会犯点糊涂、冒点傻气、抽点小疯，实际却聪明豁达、灵气十足，终难忘秉烛夜谈的温暖；高莉莉认真勤奋、温柔贴心，总会不时地给我很多启发；潘婷婷对生活充满热情，并用她五彩斑斓的生活不断感染我，让我觉得生活还有很多美好与期待；辛馨，幽默风趣、相知相惜；陈青姣，机智灵敏、爽快豁达；张晓莉，无微不至、温暖常在；王晓芳，温柔恬静、善良美好。感谢朋友田晓娜、朱小刚、姜丽红、卫文君、许燕、邱淑霞、肖琴、杨丽君、王大海、史磊、邓发旺、刘天平等，你们的真诚与关心总让我感受到人情温暖。不管是生活、学习还是工作中，有你们陪伴真好！

感谢我的父母家人。我的父亲是一名普通工人，母亲是一名家庭主妇，尽管只有父亲一个人微薄的工资，他们依然养育了我们姊妹四个，并供我们读完了大学，其中两个还读了研究生，虽然我们并未大富大贵也并未出人头地，但都有一份稳定的工作、稳定的收入，可能这也是父母一直希望我们有的生活。犹记得中学的一天早上，父亲从外面回来对母亲说："手脚都冻僵了，赶紧暖和一下。"母亲问："咋回来的？"父亲说："坐一辆货车货厢上回来的。"母亲问："怎不打辆车呢？"父亲说："打车十块钱呢。"当时我就落泪了，心中暗暗地想以后一定要让父母过上好日子。至今想起，我仍忍不住潸然泪下，但我一直未曾实现那时的梦想，父母的生活从不让我们担心出力，我唯一能为父母做的只剩下每年回去陪伴他们几天或是偶尔的电话问候。但父母对我的牵挂却依然，五年的读博时光，父亲总是担心我压力太大、学习工作太辛苦，不时地关心问候时时温暖着我。

儿子7个月大的时候，我的产假到期必须回拉萨上班，但孩子太小不适宜在高原成长，我只得把他留下，只身回到拉萨。说到这儿，特别感谢我已八十多岁高龄的婆婆、哥哥蒋锐、嫂嫂胡丽琼、大姐蒋开荣、姐夫唐学明，还在哺乳期的孩子就这样留给了你们。带孩子有多艰辛相信有孩子的人都深有体会。儿子3岁的时候，本来我应该把他接到身边，可是我又要到南京继续学习，如今孩子已经8岁多了，8年多甚至未来还有更多的时间，都是你们在为我承担抚养儿子的重任，让我没有后顾之忧地安心工作完成学业。这份恩情，永感于心。我常常会觉得现在的孩子太孤独、太可怜，因为基本都是独生子女，他们的人生路上缺了很多的陪伴。而我何其幸福又何其幸运！从小我就成长在一个大家庭中，有叔叔、婶婶、姑姑、姑父，还有众多兄弟姐妹，成家以后又多了哥哥、姐姐、嫂子、姐夫、弟媳以及侄子侄女们，每当我有困难的时候，只要在你们能力范围之内，甚至都不用我张口，就会帮我解决。所有的恩情我无以为报，感谢上苍让我们成为一家人。

我可爱的儿子蒋言，这几年说的最多的话就是"妈妈，你到底哪一天回来呀？"这句话总让我心酸落泪，有时还会萌生放弃读书的念头。记得有一年寒假回去，接儿子放学回来的路上看见一个稍大点的孩子独自从我们身边走过，儿子问我："妈妈，哥哥的妈妈呢？"才四岁的小人儿，这句话承载了多少往日他对妈妈的思念，承载了多少他对妈妈在身边的渴望以及妈妈回到身边的幸福感？亏欠儿子的真的太多太多……随着儿子的渐渐成长，他知道主动学习多方面的知识，懂得主动帮助他人，做老师的好帮手，做家务，甚至体贴家人……这一切都让我觉得甚是欣慰，儿子的乖巧懂事也给了我很大的动力认真工作、安心学业。特别庆幸儿子遇到了一位像妈妈一样的好老师——王婷，王老师像对自己的儿子一样教育、关心、启发蒋言，让他越来越优秀，感谢有您！

我的先生蒋浩然，结婚 12 年，生活中虽有磕磕绊绊，但始终相依相伴。这几年是先生工作最忙碌、压力最大的几年，经常加班到很晚，我为不能给他递上一杯热水更遑论一碗热羹，深感歉疚。未来，让我们红尘做伴，共渡生命中的每个起起落落，一路相随，不负此生！

缘起

犹记得 1997 年从格尔木去重庆读大学，一个同学好奇地问我："你们上学是怎么去学校的？"我回答："坐车呀！"她瞪着眼睛生气地说："怎么可能？"我随口笑着说："骑狼去的！"她说："哇噻！太浪漫了！就是这样才对嘛！""你们平时都吃什么？"……至于后来我再怎么对接，记忆已经淡化。但这几句对白却在我心中留下了一个深深的痕迹——西藏，对于人们来说是个极度贫穷落后，却又充满着神秘色彩的地方。

一个人在拉萨的生活是自由散漫的，时常会去外面买饭吃，那时发现不管是去哪里的餐馆，总会有乞丐出现在身旁，小乞丐见得多了也就习惯了，最让我不能接受的是，经常会有四肢健全、高高壮壮的青壮年男人伸手过来"咕叽咕叽……"。

后来的假期没事就去各个地区施行，记得第一次去日喀则是 2001 年年底，我们开车去樟木，过了日喀则基本是土路，颠簸的感觉能把五脏六腑翻出来，好不容易听说马上到某个县了，刚走上柏油路五脏六腑还没来得及归位，又开始颠簸，忍不住问道："不是要进城了吗，怎么路又变差了？""已经从某县经过了。"……

类似的事件让我慢慢意识到这儿和其他省份真的有着很大的差异。中央政府的持续援助、各兄弟省市的特别关怀、自治区政府的不断努力，几十年如一日，尽管如今的西藏已实现了县县通公路，小乞丐也越来越少，城市建设已改头换面，但西藏的贫困现象还很普遍、贫困形象也依然。

基于很多客观事实，在西藏大学教书的这十几年我一直很关注西藏的贫困问题，并积累了很多研究资料，也对西藏的贫困问题有了一些自己的看法，并于 2014 年顺利结束了一项教育部关于西藏贫困问题研究的课题。

西藏是独特的，所以决定了国外、国内很多先进的经验我们不能照搬照抄，但西藏又不能一直靠中央和兄弟省市的"援助"存活。所以包括中央政府、援助省市政府、西藏自治区政府以及西藏问题的研究者们，都在努力寻求增强西藏自我发展的路子。因此对于西藏的经济问题，还有很多话题具有很强的研究价值。在南京大学学习的几年，我发现这里的老师们都在研究怎么实现"现代化"，我却在关注"脱贫"，这确实是个巨大的反差。这也进一步反映出我国目前的发展差距，富贵有余、贫贱依然。是主观的人心不足还是客观的投入效率不高，值得我们深省。

选择"中国财政支出的减贫效应研究"为我的博士论文并在此基础上修改完善，到今天出书，一是考虑时局，二是希望我们边疆进一步稳定发展，个人认为具有很强的理论意义与现实意义。

相信本书的完成，不是我对减贫问题研究的结束，而是我开始真正拨动了减贫研究的琴弦。

徐爱燕

二〇一六年八月

于西藏大学新校区